W0046639

Barbara Beck

Die Welfen

Barbara Beck

Die Welfen

Das Haus Hannover
1692 bis 1918

marixverlag

Bibliografische Information der Deutschen Nationalbibliothek
Die Deutsche Nationalbibliothek verzeichnet diese Publikation in
der Deutschen Nationalbibliografie; detaillierte bibliografische Daten
sind im Internet über
http://dnb.d-nb.de abrufbar.

© by marixverlag GmbH, Wiesbaden 2014
Korrektorat: Dietmar Urmes, Bottrop
Bildnachweis: Queen Victoria von England, Gemälde von
Franz Xaver Winterhalter, ca. 1859
© mauritius images / SuperStock
Satz und Bearbeitung: Medienservice Feiß, Burgwitz
Der Titel wurde in der Palatino gesetzt.
Gesamtherstellung: CPI books GmbH, Ulm
Printed in Germany

ISBN: 978-3-86539-983-0

www.marixverlag.de

Inhalt

Vorwort

Die Welfen gelten als eines der ältesten Fürstenhäuser Europas. Schon unter Karl dem Großen sind sie nachweisbar. Im 12. Jahrhundert erreichte die Dynastie mit Besitztümern im ganzen Heiligen Römischen Reich einen ersten Machthöhepunkt. Nachdem sie neben den Staufern maßgeblich die Geschicke des Reichs gelenkt hatten, verloren die Welfen nach dem Sturz von Herzog Heinrich dem Löwen im Jahr 1180 an Bedeutung. Das Adelsgeschlecht, das sich in mehrere Linien aufteilte, war danach auf den norddeutschen Raum beschränkt und spielte für die Reichspolitik keine entscheidende Rolle mehr.

Der Linie Braunschweig-Lüneburg, für die bald die Bezeichnung Hannover üblich wurde, gelang 1692 mit dem Erwerb der Kurwürde und 1714 mit der auf dem Heiratsweg errungenen Thronfolge in Großbritannien wieder die Rückkehr zu alter Größe. Dank des kolonialen Weltreichs der britischen Krone kommt dem Haus Hannover eine sogar über Europa hinausweisende Bedeutsamkeit zu. Indem sie in Personalunion über ihre deutschen Stammlande und das britische Reich regierten, stellten die Hannoveraner auch ihre großen Konkurrenten im norddeutschen Raum, die Hohenzollern in Brandenburg-Preußen, in den Schatten. Die Personalunion ging 1837 wegen unterschiedlicher Thronfolgeregelungen zu Ende. In Großbritannien begründete Königin Viktoria, die letzte Welfin auf dem britischen Thron, durch ihre Heirat mit dem deutschen Prinzen Albert das Herrscherhaus Sachsen-Coburg-Gotha, das sich während des Ersten Weltkrieges in Windsor umbenannte. Im Königreich Hannover führte dagegen Viktorias Onkel Ernst August die Herrschaft des Hauses Hannover fort. Als eigenständiger Staat ging Hannover nach dem Deutschen

Krieg 1866 unter. Die königliche Familie emigrierte nach Österreich, um 1913 nochmals für kurze Zeit auf den Thron im Herzogtum Braunschweig zurückzukehren. Mit der Revolution endete 1918 die welfische Herrschaft endgültig. Der letzte regierende Hannoveraner, Herzog Ernst August von Braunschweig, dankte als erster der neunzehn deutschen Fürsten für sich und seine Nachkommen ab und zog sich ins Privatleben zurück.

Der vorliegende Band spürt diesem zweiten glanzvollen Aufstieg der Welfen in den Machtzenit nach, als das Haus Hannover zu den einflussreichsten Dynastien Europas zählte. Das Buch spannt den zeitlichen Rahmen vom 17. bis zum 20. Jahrhundert. Das Hauptgewicht liegt dabei auf der Zeit der 123 Jahre dauernden Personalunion zwischen Großbritannien und Hannover, einer für Europas Geschichte historisch äußerst bedeutsamen Epoche. In 21 Kurzporträts werden bekannte und interessante Mitglieder des Herrscherhauses vorgestellt, die der Autorin als besonders bemerkenswert erscheinen. Der Reigen beginnt mit Herzog bzw. Kurfürst Ernst August, der nicht nur den Kurhut für sein Haus erwarb, sondern zusätzlich seinem Geschlecht durch seine Ehe mit Sophie von der Pfalz, einer Enkelin des Stuart-Königs Jakob I., den britischen Thronanspruch verschaffte. Mit der 1981 verstorbenen griechischen Königin Friederike, die als momentan letztes Mitglied des Hauses Hannover auf einen Thron gelangte, endet die Reihe der Lebensläufe. Ergänzt werden diese Kurzporträts durch mehrere überblicksartige Einführungstexte, die den jeweiligen historischen Hintergrund näher erläutern sollen. Um der Leserschaft vielfältige Einblicke in das Thema zu bieten, sind kleine »Exkurse« zur Vertiefung einzelner kulturgeschichtlicher bzw. geschichtlicher Aspekte eingefügt worden.

Das Kurfürstentum Hannover

Das Kurfürstentum Hannover ging aus dem welfischen Teilfürstentum Calenberg-Göttingen-Grubenhagen hervor. Dieses Teilfürstentum war Bestandteil des Herzogtums Braunschweig-Lüneburg, das 1235 neu gegründet und nach seinen beiden wichtigsten Städten benannt worden war. Das Herzogtum spaltete sich bald in mehrere Linien auf. Bis 1665 verursachten Erbfälle zahlreiche territoriale Teilungen und Wiederzusammenführungen. Mit dieser Zersplitterung des welfischen Territoriums und Aufspaltung in mehrere Linien ging gleichzeitig auch ein machtpolitischer Bedeutungsverlust innerhalb des Gefüges des Heiligen Römischen Reichs Deutscher Nation einher. Erbrechtliche Vereinbarungen zwischen den Linien stellten allerdings sicher, dass beim Aussterben einer Linie deren herrschaftlicher Besitz an die verbleibenden Linien überging und so letztlich die Einheit des Herzogtums gewährleistet wurde. Die Zusammengehörigkeit des welfischen Hauses drückte sich auch in der Titulatur aus; denn unabhängig von dem Landesteil, über den sie jeweils regierten, traten alle Fürsten als »Herzöge von Braunschweig und Lüneburg« auf. Gemeinsam war den welfischen Territorien außerdem, dass sich in ihnen im letzten Drittel des 16. Jahrhunderts der Protestantismus weitgehend durchgesetzt hatte.

Das anlässlich einer Erbteilung im Jahr 1495 geschaffene Fürstentum Calenberg-Göttingen kam 1635 im Zuge von Erbauseinandersetzungen an die sogenannte jüngere Linie des Hauses Braunschweig-Lüneburg. Die beiden anderen Territorien, die aus dieser Aufteilung des Herzogtums Braunschweig-Lüneburg hervorgingen, waren das Fürstentum Lüneburg und das Fürstentum Wolfenbüttel. Herzog Georg, der neue Landesherr von Calenberg-Göttingen

seit 1636, entschied sich dafür, die Stadt Hannover gegen
den Widerstand ihrer Bürger zu seinem Regierungssitz zu
machen, und verlegte ein Jahr später auch seine Residenz
hierher. Georg bestimmte in seinem Testament von 1641 für
die jüngere Linie, dass die Fürstentümer Lüneburg und Calenberg nie in einer Hand vereinigt werden sollten, solange
noch zwei legitime männliche Nachkommen vorhanden
wären. Dem älteren Erben fiel dabei das Optionsrecht zwischen den beiden Fürstentümern zu. Diese Wahlmöglichkeit
ergab sich für seine vier Söhne Christian Ludwig, Georg
Wilhelm, Johann Friedrich und Ernst August, als ihr Onkel
Herzog Friedrich, der über Lüneburg regiert hatte, 1648
starb. Nacheinander wechselten sie sich in der Nachfolge
in Calenberg-Göttingen ab, da im jeweiligen Erbfall der ältere Bruder immer das einträglichere Lüneburg vorzog. Bei
der letzten großen Erbteilung 1665 wurde das Fürstentum
Grubenhagen von Lüneburg abgetrennt und endgültig an
Calenberg-Göttingen angegliedert.

In der zweiten Hälfte des 17. Jahrhunderts stieg das
Fürstentum Calenberg-Göttingen zu einer Regionalmacht
im Norden des Reichs auf. Die Voraussetzungen hierfür
wurden unter Herzog Johann Friedrich geschaffen, der
im September 1665 die Regierung in den Fürstentümern
Calenberg-Göttingen und Grubenhagen übernahm. Zwar
war er 1651 aus religiöser Überzeugung zum katholischen
Glauben konvertiert, doch der evangelische Bekenntnis-
stand des Landes wurde davon nicht berührt. Unter Johann
Friedrich zeichnete sich im Sinne des Absolutismus eine
Entwicklung zu Zentralbehörden ab, um die staatliche
Macht zu konzentrieren. Wie schon sein Vater und seine
Brüder bemühte er sich darum, den Einfluss der Stände
zu beschneiden und ihnen politische Mitspracherechte zu
entziehen. Vor allem baute Johann Friedrich das Stehende
Heer aus, wodurch das Fürstentum zu einem politischen
Faktor wurde. Ohne Subsidien, ausländische Geldmittel für

militärische Unterstützung, waren die Vergrößerung und der Unterhalt der Armee letztlich nicht möglich. Besonders deutlich zeigte sich diese Abhängigkeit von Hilfsgeldern etwa zu Beginn der Regierungszeit von Johann Friedrichs Neffen, Kurfürst Georg Ludwig. Als wegen des Friedens von Rijswijk 1697 die auswärtigen Zahlungen unterblieben, löste dies in Hannover eine förmliche Finanzkrise aus. Die finanziell kritische Situation endete erst mit dem Spanischen Erbfolgekrieg, der wieder englische und holländische Subsidien zur Folge hatte.

Nach Johann Friedrichs söhnelosem Tod trat 1679 sein jüngster Bruder Ernst August die Nachfolge in Hannover an. Sein Herrschaftsgebiet umfasste zu diesem Zeitpunkt in der Hauptsache die Fürstentümer Calenberg-Göttingen und Grubenhagen sowie die Grafschaft Diepholz. Hinzu kam die Anwartschaft auf das Fürstentum Lüneburg, die ihm sein älterer Bruder Georg Wilhelm 1675 zugesichert hatte, als Ernst August seine Zustimmung zur nachträglichen Legitimierung von Georg Wilhelms unebenbürtiger Ehe mit Eléonore d'Olbreuse gab. Im Inneren setzte Herzog Ernst August die zentralistische, am Aufbau einer effektiven Verwaltung orientierte Politik seiner Vorgänger fort. Die im Februar 1680 erlassene Regimentsordnung förderte die Einrichtung selbstständiger Fachbehörden. Zwar stand dem Herzog als oberste Behörde der Geheime Rat zur Seite, doch die Verwaltung des Landes erfolgte zunehmend von seinem Kabinett aus.

Ernst Augusts wichtigstes politisches Ziel war der Erwerb der Kurfürstenwürde für sein Haus. Diese würde nicht nur das Prestige seines Hauses steigern, sondern auch zahlreiche Rechte und Privilegien beinhalten und die reichspolitischen Mitwirkungsmöglichkeiten vergrößern. Das Kurkollegium stellte das mächtigste politische Gremium des Heiligen Römischen Reichs Deutscher Nation dar. Spätestens seit 1682 verfolgte der Herzog die Erlangung des Kurhuts mit aller Konsequenz. Hinter diesem ambitionierten Projekt mussten persönliche Wünsche und Befindlichkeiten der davon betroffenen Familienmitglieder zurückstehen. Um sicherzustellen, dass das von seinem Bruder Georg Wilhelm regierte Fürstentum Lüneburg wirklich an seine Linie fiel, kam es im Dezember 1682 zur Heirat von Ernst Augusts ältestem Sohn Georg Ludwig mit Sophie Dorothea, der einzigen Tochter Georg Wilhelms. Wie Herzogin Sophie, Ernst Augusts Gemahlin, nüchtern feststellte, konnte man deshalb *in Zukunft Hannover und Celle als eines rechnen*.

Um diesen Länderkomplex zusammenzuhalten, kam daher in logischer Konsequenz der Durchsetzung des Erstgeburtsrechts, der Primogenitur, höchste Priorität zu. Seit 1356 schrieb außerdem die Goldene Bulle, das Reichsgrundgesetz, diese Form der Erbfolgeregelung für die Kurhäuser vor. In den Landen der jüngeren welfischen Linie bestimmte hingegen das Testament von Herzog Georg aus dem Jahr 1641, dass die Landesteile Lüneburg und Calenberg unter den beiden ältesten Söhnen zu teilen seien. In seinem Testament von 1682 legte Herzog Ernst August darum die Unteilbarkeit seiner Lande und die Erbfolge seines ältesten Sohnes Georg Ludwig und dessen männlicher Nachkommen fest. Verfasst hatte das Testament, das den Charakter eines Hausgesetzes trägt und in dem sich eine neuzeitliche Staatsauffassung artikuliert, vermutlich der Jurist und herzogliche Vizekanzler Ludolph Hugo. Nachdem im Juli 1683 die kaiserliche Bestätigung des Testaments erfolgt war, musste als nächster Schritt die Zustimmung der jüngeren Söhne zu dieser Gesetzesänderung eingeholt werden. Dies löste einen fast 20 Jahre dauernden bitteren Familienstreit aus, da sich die Prinzen diskriminiert fühlten und mit der für sie vorgesehenen Abfindung durch Apanagen keineswegs einverstanden waren. Zeitweise unterstützte das Wolfenbütteler Herzogshaus aus wohlverstandenem Eigeninteresse die opponierenden Prinzen gegen ihren

Vater. Der sogenannte Prinzenstreit nahm seinen Anfang, als der herzogliche Minister Otto Grote zu Schauen Anfang 1685 den Auftrag erhielt, den nächstjüngeren Sohn des Herzogs, Prinz Friedrich August, über die Einführung der Primogenitur zu informieren. In Ernst Augusts Instruktion für Grote hieß es, dass der Herzog die »*Fürstenthümer undt Lande nicht alß eine Erbschaft eines privati tractiren undt sie also unter unsern Söhnen theilen könten*«. Er müsse vielmehr »*den Maximen vernunftiger Regenten folgen und was hierunter die (…) Wollfahrt gesagter Lande (…) erforderte, verordnen.*« Ernst August ließ sich von dem familiären Widerstand gegen seine testamentarische Verfügung nicht beeindrucken, sondern bekräftigte die Primogeniturregelung nochmals in der Neufassung seines Testaments von 1688. Ohne zu zögern, schritt er im Dezember 1691 rigoros gegen die von seinem Sohn Maximilian Wilhelm angezettelte Verschwörung ein. Die weit fortgeschrittenen Verhandlungen um die Kurwürde durften nicht gefährdet werden. Der Prinzenstreit entzündete sich nach Ernst Augusts Tod abermals in aller Heftigkeit, als die Prinzen Maximilian Wilhelm und Christian Heinrich sich weigerten, das väterliche Testament anzuerkennen. Zeitweise schien sogar ein Erbfolgekrieg zu drohen. Erst 1703 erledigte sich das Thema endgültig mit dem Tod von Christian Heinrich.

Zum Maßnahmenkatalog beim Streben nach der Kurwürde gehörte ein weiteres Eheprojekt. Zur Absicherung der vom Kurfürsten von Brandenburg bereits grundsätzlich zugesagten Unterstützung von Hannovers Vorhaben wurde Ernst Augusts einzige Tochter Sophie Charlotte im Herbst 1684 mit dem brandenburgischen Kurprinzen Friedrich vermählt. Geschickt wusste der politisch wendige Herzog Ernst August auch seine gut ausgerüsteten Truppen vor dem Hintergrund der Türkenkriege und der kaiserlichen Feldzüge gegen Frankreich zu nutzen. Zwischen König Ludwig XIV. von Frankreich und Kaiser Leopold I. als Bündnispartner hin und her lavierend, bezog er, als die Verhandlungen um die Kurwürde in die entscheidende Phase eintraten, Position für Kaiser und Reich. Der Einsatz großzügig bemessener Bestechungsgelder tat ein Übriges.

Nachdem Ernst August im Dezember 1691 einen Kurvergleich mit seinem älteren Bruder Georg Wilhelm geschlossen hatte, in dem er die Belehnung mit der künftigen Kurwürde für sich gegen die Überlassung des 1689 erworbenen Herzogtums Sachsen-Lauenburg durchsetzte, stand einem erfolgreichen Verhandlungsabschluss kein bedeutendes Hemmnis mehr im Weg. 1692 erreichte Herzog Ernst August sein Ziel – für sein Haus wurde eine neue Kurwürde im Heiligen Römischen Reich Deutscher Nation geschaffen. Im März 1692 schloss er den »Kurkontrakt« mit Kaiser Leopold I., in dem er als Gegenleistung für die neunte Kur die Stellung von Truppen, eine Zahlung von 500 000 Gulden, freie Religionsausübung für die Katholiken im zukünftigen Kurfürstentum und seine Unterstützung bei der Wiedereinführung der böhmischen Kurstimme zusagte. In einem weiteren Vertrag gingen die Häuser Habsburg und Lüneburg eine »Ewige Union« ein. Die Welfen versicherten, dass sie bei allen kommenden Kaiserwahlen ihre Stimme dem habsburgischen Kandidaten geben würden. Am 19. Dezember 1692 fand die Belehnung mit der Kurwürde statt. Minister Grote konnte in Wien den Kurhut für seinen Herzog in Empfang nehmen.

Mit der Verleihung der Kurwürde an Ernst August waren keineswegs alle Reichsstände einverstanden. Zur vollen Anerkennung gehörte die Einführung des neuen Kurfürsten in das Kurkolleg, was an der ablehnenden Haltung einiger Kurfürsten scheiterte. Noch mehr Widerspruch formierte sich im Reichsfürstenstand, dem nach den Kurfürsten wesentlichen politischen Faktor in der Reichspolitik. Einige der Reichsfürsten strebten selbst nach der Kurwürde und stimmten dem eigenmächtigen Handeln des Kaisers in dieser Sache nicht zu. Den härtesten Widerstand gegen diese Erhebung leisteten die Herzöge von Braunschweig-Wolfenbüttel. Sie vertraten die Auffassung, dass die Kur der älteren Linie des Hauses Braunschweig-Lüneburg zustehe. Erst 1708 gelang Ernst Augusts Nachfolger Georg Ludwig die Einführung in das Kurfürstenkolleg. Für den offiziell als »Kurfürstentum Braunschweig-Lüneburg« bezeichneten neuen Kurstaat bürgerte sich bald die Benennung »Kurfürstentum Hannover« bzw. »Kurhannover« ein. Mit dem Frieden von Utrecht, der den Spanischen Erbfolgekrieg beendete, erfolgte 1713 die Anerkennung durch die europäischen Mächte.

Kurfürst Georg Ludwig hatte nach dem Tod seines Onkels Georg Wilhelm 1705 dessen Fürstentum Lüneburg geerbt. Abgesehen vom Fürstentum Braunschweig-Wolfenbüttel waren nun alle welfischen Territorien in seiner Hand zusammengeführt. Das hannoversche Kurfürstentum umfasste damit das Fürstentum Calenberg-Göttingen, das Fürstentum Grubenhagen, die Grafschaft Hoya, das Herzogtum Sachsen-Lauenburg und das Fürstentum Lüneburg. 1715 kamen noch die Herzogtümer Bremen und Verden hinzu. Neben Kurbrandenburg war Kurhannover zur führenden Macht im Norden des Deutschen Reichs aufgestiegen. Nach der Erledigung der Kurangelegenheit wurde die englische Sukzession die beherrschende Frage für das Haus Hannover. Als Georg Ludwig 1714 nach dem Tod der Stuart-Königin Anna von Großbritannien als nächster protestantischer Verwandter die britische Königskrone erbte, änderten sich die Wertungen fundamental. Die hannoverschen Welfen erlangten dadurch weltpolitische Bedeutung.

Ernst August

* 1629 in Herzberg am Harz
† 1698 in Herrenhausen bei
Hannover
Fürstbischof von Osnabrück,
Kurfürst von Hannover

Als jüngster von vier Söhnen des Herzogs Georg von Calenberg und dessen Gemahlin Anna Eleonore von Hessen-Darmstadt am 20. November 1629 geboren, besaß Ernst August keine Ansprüche auf ein eigenes Territorium. Dank seines unbeugsamen Machtwillens und Ehrgeizes sowie einer Portion Glück gelang ihm allerdings eine bemerkenswerte Karriere unter den Fürsten seiner Zeit.

Eine erste Versorgung sicherte dem nachgeborenen Prinzen 1646 die Wahl zum Koadjutor des Erzstifts Magdeburg, die jedoch nicht von Dauer war. Das Haus Braunschweig-Lüneburg verlor auf dem Westfälischen Friedenskongress in Osnabrück neben Magdeburg auch die Koadjutorien von Bremen, Halberstadt und Ratzeburg. Für Ernst August eröffnete sich hingegen durch den Westfälischen Friedensvertrag von 1648 die Aussicht auf eine eigenständige Herrschaft. Da nun im Hochstift Osnabrück gemäß dieses Vertrags ein katholischer Bischof im Wechsel mit einem protestantischen Prinzen aus der jüngeren Linie des Hauses Braunschweig-Lüneburg regieren sollte, wurde der Lutheraner Ernst August zum Nachfolger des derzeitigen katholischen Bischofs Franz Wilhelm Graf von Wartenberg nominiert.

»Er gefiel jedermann. Aber da er der jüngste von vier Brüdern war, so sah man ihn nicht als einen zum Heiraten geeigneten Prinzen an«, erinnerte sich später Ernst Augusts Gemahlin. Der Welfe verdankte seine prestigeträchtige Ehe mit Sophie

von der Pfalz nicht seinem gewinnenden Auftreten, sondern einem unerwarteten »Brauttausch«. Eigentlich hätte sein fünf Jahre älterer Bruder Georg Wilhelm die Prinzessin heiraten sollen. Kurz vor der Hochzeit machte der Verlobte jedoch einen Rückzieher und überließ stattdessen dem jüngeren Bruder seine Braut mit der Zusicherung, dass er ehelos bleiben und ihm sein Fürstentum vermachen werde. Als Ernst August im Oktober 1658 die Wittelsbacherin in Heidelberg heiratete, konnte er allerdings noch nicht wissen, dass diese Verbindung mit der Enkelin des Stuart-Königs Jakob I. seinem Haus die Anwartschaft auf die englische Krone einbringen würde. Aus der Ehe mit Sophie stammten sieben Kinder. Ernst Augusts außereheliche Beziehungen nahm seine Gemahlin scheinbar weitgehend mit Gleichmut hin. Auch mit der langjährigen Mätresse ihres Gatten, Clara Elisabeth von Platen, wusste sie sich zu arrangieren.

Als der Osnabrücker Fürstbischof Franz Wilhelm von Wartenberg im Dezember 1661 starb, folgte ihm Ernst August gemäß den vertraglichen Bestimmungen als erster Protestant auf den bischöflichen Stuhl nach. Dem Welfen gelang es als Landesherr, die Stände im Hochstift systematisch in ihrem politischen Einfluss zurückzudrängen. Weil das seit dem 12. Jahrhundert als Bischofsresidenz dienende Schloss Iburg südlich von Osnabrück seinem gesteigerten Repräsentations- und Platzbedürfnis nicht mehr genügte, ließ er sich aus privaten Mitteln in der Hauptstadt Osnabrück zwischen 1667 und 1675 eine neue Residenz errichten, in der sich auch sein landesherrlicher Machtanspruch spiegelte. Eine dauerhafte Versorgung für seine Kinder sicherte ihm erst sein Herrschaftsantritt im Fürstentum Calenberg-Göttingen-Grubenhagen mit der Residenzstadt Hannover. Da sein 1679 verstorbener älterer Bruder Johann Friedrich nur Töchter hinterließ, konnte Ernst August ihn beerben. Spöttisch kommentierte sein Schwager, Kurfürst Karl Ludwig von der Pfalz, diesen glückhaften Aufstieg Ernst Augusts zum regierenden Herzog mit den Worten: *»Unser Herr Gott gibt den seinigen schlaffendt.«*

Das Leineschloss in Hannover formte Ernst August zu einem zeitgemäßen fürstlichen Herrschaftssitz um. Sein kluges politisches Vorgehen äußerte sich in der geschickten Auswahl geeigneter Berater und Diplomaten. Mit der von ihm am 18. Februar 1680 erlassenen sogenannten Regimentsordnung wurde das System der hannoverschen Zentralbehörden noch für das 18. Jahrhundert festgeschrieben.

Weil sich sein Bruder Georg Wilhelm entgegen den früheren Zusicherungen zu Ernst Augusts Beunruhigung doch verehelicht hatte, wurde eine Lösung mittels Heirat ihrer Kinder gefunden. Im Dezember 1682 vermählte sich Georg Wilhelms Tochter und einzige Erbin Sophie Dorothea mit ihrem Vetter Georg Ludwig. Auf diese Weise wurde endgültig sichergestellt, dass das Fürstentum Lüneburg mit der Residenz Celle an Ernst Augusts Nachkommen fiel. Zugleich bot diese künftige Vereinigung der beiden Fürstentümer eine ausreichende territoriale Basis im Ringen um die von Ernst August angestrebte Kurwürde.

Eine weitere wichtige Maßnahme auf dem Weg zur Kur für das Haus Hannover war die Einführung der Primogenitur, des Erbfolgerechts des Erstgeborenen. Um späteren Erbteilungen vorzubeugen und die territoriale Einheit zu sichern, führte Ernst August mit kaiserlicher Bestätigung vom Juli 1683 das Erstgeburtsrecht ein. Als 1685 diese zunächst geheim gehaltene Regelung bekannt wurde, löste dies den heftigen Widerstand seiner fünf jüngeren Söhne aus, die darin zeitweise von ihrer Mutter unterstützt wurden. Fast 20 Jahre lang zog sich der »Prinzenstreit« hin, bis er Anfang des 18. Jahrhunderts erlosch. Als der Konflikt allerdings 1691 in einer Verschwörung seines Sohnes Maximilian Wilhelm eskalierte, griff Herzog Ernst August rücksichtslos durch. Während der Prinz mit zeitweiliger Festungshaft davonkam, ließ Ernst August dessen Komplizen, den in herzoglichem Dienst stehenden Oberjägermeister Otto Friedrich von Moltke, 1692 hinrichten. An der Primogenitur führte für Ernst August kein Weg vorbei, um die Kurwürde zu bekommen. Dieses Ziel, das nicht nur das Ansehen seines Hauses innerhalb der fürstlichen Welt erhöhen, sondern ihm auch mehr politischen Einfluss verschaffen sollte, verlor der ehrgeizige Welfe nicht aus den Augen. Ohne größere Bedenken wechselte er deshalb seinen politischen Kurs, wenn ihm dies zur Erlangung des Kurhuts geboten erschien. 1692 wurde ihm tatsächlich die neunte Kur im Heiligen Römischen Reich Deutscher Nation durch Kaiser Leopold I. verliehen. Der Kaiser erhoffte sich davon den Gewinn eines Verbündeten in Norddeutschland.

Als typischer Fürst der Barockzeit führte Ernst August einen glänzenden Hof, was gleichzeitig seinen Machtanspruch unterstreichen sowie Ruhm und Prestige seines Hauses mehren sollte. Den Höhepunkt des höfischen Lebens in Hannover bildete der unter ihm aufwendig gefeierte Karneval, der Anlass für opulente Opern- und Theaterinszenierungen war. Auf seinen ausgedehnten Italienreisen war Ernst August zum Opernliebhaber geworden und förderte nun diese Kunstgattung in Hannover. Er holte nicht nur den bedeutenden italienischen Komponisten Agostino Steffani als Kapellmeister an seinen Hof, sondern ließ auch eigens ein prächtiges Opern- und Theaterhaus neben dem Leineschloss in Hannover errichten. Das Theater wurde im Januar 1689 mit der Uraufführung von Steffanis Oper »Enrico Leone« eröffnet. Der dabei betriebene Prunk stand in engem Zusammenhang mit der erstrebten Kurwürde. Während das Theater im 19. Jahrhundert abgerissen wurde, blieb eine andere hervorragende kulturelle Schöpfung von Ernst August und seiner Gattin Sophie erhalten: der Große Garten der Sommerresidenz Herrenhausen mit seinem barocken Gartentheater. Eindrucksvoll ließen sich hier Fest und Repräsentation miteinander verbinden. Zum höfischen Umfeld gehörte auch der Universalgelehrte Gottfried Wilhelm Leibniz, den einst Herzog Johann Friedrich als Bibliothekar an den Hof in Hannover geholt hatte. Im Gegensatz zu Sophie blieben Ernst August das Werk und die Bedeutung von Leibniz im Grunde fremd, obwohl dieser in seinem Auftrag an einer Geschichte des Welfenhauses arbeitete.

Ernst Augusts letzte Lebensjahre waren von familiären Schicksalsschlägen und politischen Rückschritten überschattet. Zwei seiner jüngeren Söhne verloren ihr Leben im Dezember 1690 auf den Schlachtfeldern des Großen Türkenkrieges. Das Ansehen seines eben erst zu kurfürstlichen Würden aufgestiegenen Hauses gefährdete das Ehedesaster seines ältesten Sohnes Georg Ludwig, das sich in Verbindung mit der Königsmarck-Affäre zu einer Staatsaffäre entwickelte. Die Scheidung sowie die lebenslange Gefangenschaft seiner einstigen Schwiegertochter Sophie Dorothea erregten europaweit Aufsehen. Wirklich anerkannt war der Kurhut für Ernst August und seine Nachkommen zu diesem Zeitpunkt keineswegs. In- und ausländische Mächte machten Front gegen die Kur für Hannover, die erst nach Ernst Augusts Tod endgültig anerkannt werden sollte.

Gesundheitlich schwer angeschlagen durch mehrere Schlaganfälle, die zu Sprach- und Bewegungsstörungen führten, musste Ernst August die Lenkung der Staatsgeschäfte zunehmend dem Kurprinzen Georg Ludwig überlassen. Mit seiner Ehefrau Sophie versöhnte sich der Kurfürst wieder; denn ihr Verhältnis war durch den Prinzenstreit stark belastet worden. Gegen Ende seines Lebens wollte er Sophie als einzige langjährige Vertraute um sich haben. Am 23. Januar 1698 verstarb er nach einem weiteren Schlaganfall in Schloss Herrenhausen. Als eindrucksvolle Herrscherpersönlichkeit hatte er nicht nur den neuen Staat Hannover aus der Taufe gehoben, sondern diesem auch eine machtvolle Stellung neben dem größeren Kurfürstentum Brandenburg im Norden Deutschlands verschafft. Treffend hatte 1694 ein französischer Besucher über ihn bemerkt, dass er ein Mann *»von königlichem Geist, fähig zu den größten, aber auch den gewalttätigsten Plänen«* sei.

Sophie von der Pfalz

* 1630 in Den Haag
† 1714 in Herrenhausen bei
Hannover
Kurfürstin von Hannover

Sophie von der Pfalz, der das Haus Hannover den Anspruch
auf den britischen Thron und damit auf weltgeschichtliche
Bedeutung verdankte, wurde am 14. Oktober 1630 im
holländischen Exil ihrer Eltern geboren. Ihr Vater war der
wenig glückhafte Kurfürst Friedrich V. von der Pfalz, der
als kurzzeitiger böhmischer »Winterkönig« in die Geschichte
einging. Ihre Mutter, die standesbewusste Elisabeth Stuart,
war eine Tochter König Jakobs I. von England, Irland und
Schottland. Zwei Jahre nach Sophies Geburt verstarb bereits
ihr Vater. Trotz der durch den Thronverlust schwierigen
Lage der pfälzischen Wittelsbacher wuchs die Kurprinzessin
voll Stolz auf ihre vornehme fürstliche Abstammung auf.
Die Situation der Familie besserte sich, als der älteste Sohn
Karl Ludwig nach dem Ende des Dreißigjährigen Krieges
einen Teil des väterlichen Landes, nämlich die Nordpfalz,
zurückerhielt und mit der neugeschaffenen achten Kurwürde ausgestattet wurde. Sophie, die trotzdem keinerlei
Aussicht auf eine stattliche Mitgift und so auf eine glänzen-
de Heirat hatte, lebte seit 1650 am Heidelberger Hof ihres
Bruders. Sie kümmerte sich liebevoll um die beiden Kinder
Karl Ludwigs aus dessen zerrütteter Ehe mit Charlotte von
Hessen-Kassel. Vor allem ihre Nichte Elisabeth Charlotte,
die später berühmte Liselotte von der Pfalz, stand Sophie
zeitlebens sehr nahe.

Nachdem sich verschiedene Heiratsprojekte zerschlagen
hatten, kam es 1656 zu Sophies Verlobung mit Herzog Georg

Wilhelm von Braunschweig-Lüneburg. Auf Druck seiner Landstände hatte sich der vergnügungssüchtige Welfe zu guter Letzt zu einer standesgemäßen Ehe durchgerungen. Da er sich jedoch vermutlich in Venedig eine Geschlechtskrankheit zugezogen hatte, wich er der bevorstehenden Heirat aus. Im sogenannten »Brauttausch« trat der Herzog seinem jüngsten Bruder Ernst August die Hand Sophies ab. Georg Wilhelm verpflichtete sich dafür im April 1658 schriftlich, »die noch übrige Zeit seines Lebens in coelibatu gänzlich hinzubringen«. Außerdem sollten Ernst August und seine Nachkommen nach Georg Wilhelms Tod das gesamte Fürstentum Lüneburg mit der Residenz Celle erben. Der Pfälzer Prinzessin blieb nichts anderes übrig, als sich mit diesem sonderbaren Handel einverstanden zu erklären, weil ihre Chancen auf dem fürstlichen Heiratsmarkt inzwischen nicht mehr groß waren. Über ihre tatsächlichen Gefühle ließ die nüchtern eingestellte Sophie nichts verlauten, sondern heiratete Ernst August im Oktober 1658 in Heidelberg.

Zu Sophies Überraschung entwickelte sich ihre allein aus Vernunftgründen geschlossene Ehe zunächst ausnehmend positiv. Ihrem Bruder schrieb sie, sie erlebe »das Wunder dieses Jahrhunderts: ihren Ehemann zu lieben«. Bald musste sie aber erkennen, dass ihr Ehemann von Monogamie nicht viel hielt. Die stets beherrschte Sophie bewahrte Haltung und arrangierte sich mit den Affären und häufigen Abwesenheiten ihres Gatten. Aus ihrer Ehe mit Ernst August stammten sechs Söhne und eine Tochter. Im Gegensatz zu ihrer Mutter hing Sophie sehr an ihren Kindern. Seit ihr Schwager und einstiger Bräutigam Georg Wilhelm entgegen seinem Versprechen 1665 die nicht ebenbürtige Hofdame Eléonore d'Olbreuse in einer Art »Gewissensehe« geheiratet hatte, sorgte sich Sophie um die standesgemäße Versorgung ihrer Kinder. Da mit der Legalisierung der Ehe Georg Wilhelms durch den Kaiser 1675/76 die Erbfolge für Sophies Familie im Fürstentum Lüneburg gefährdet zu sein schien, befürwortete die intelligente Herzogin trotz ihres ausgeprägten Adelsstolzes die 1682 geschlossene Ehe ihres ältesten Sohnes Georg Ludwig mit Georg Wilhelms Erbtochter, Sophie Dorothea, weil dadurch das Celler Erbe endgültig gesichert wurde.

Als Herzog Ernst August 1662 die Regierung als »weltlicher« Bischof des Hochstifts Osnabrück antreten konnte, lebte er mit seiner Familie zuerst in Schloss Iburg, bevor das aus eigenen Mitteln neu erbaute Schloss in Osnabrück bezogen werden konnte, das besser dem gesteigerten Repräsentationsbedürfnis des Herzogspaars entsprach. Über den 1680 nötigen Umzug nach Hannover wegen des unerwarteten Erbanfalls des Fürstentums Calenberg-Göttingen-Grubenhagen zeigte sich Sophie anfänglich wenig glücklich. Schon bald strebte der ehrgeizige und zielbewusste Ernst August die Erlangung der Kurwürde für sein Haus an. Die dafür erforderliche territoriale Einheit setzte die Einführung des Erstgeburtsrechts und damit den Ausschluss der nachgeborenen Söhne von der Erbfolge voraus, was bisher bei der jüngeren welfischen Linie nicht üblich gewesen war. In dem darüber ausgebrochenen, fast 20 Jahre dauernden Familienstreit stand Sophie auf der Seite ihrer jüngeren Söhne. Vermutlich wusste sie annähernd über die Verschwörung des Prinzen Maximilian Wilhelm gegen seinen Vater 1691 Bescheid. Ihre Mitwisserschaft isolierte die Herzogin noch stärker von ihrem ihr seit langem entfremdeten Ehemann. Sophie entschuldigte ihr an Landesverrat grenzendes Verhalten damit, dass sie »zu viel Liebe« für ihre jüngeren Söhne empfunden habe. 1692 bekam Herzog Ernst August dank seiner Geld- und Militäreinsätze für den Kaiser die erwünschte Kurwürde übertragen. Sophie reagierte darauf zwar mit gemischten Gefühlen, dennoch führte sie den kurfürstlichen Titel von dem Zeitpunkt an in jeder Briefunterschrift.

Seit Ernst August als Landesherr in Hannover residierte, engagierte sich Sophie für die Ausgestaltung der herzoglichen Sommerresidenz in Herrenhausen. Unter ihrer Leitung wurde der Große Garten, der sich bis zu ihrem Tod in seiner Ausdehnung vervierfachte, von dem Landschaftsgärtner Martin Charbonnier neu gestaltet. Der prächtige Barockgarten stellte für sie einen Lebensinhalt dar. 1713 konstatierte sie: »*Nur mit dem Herrenhäuser Garten können wir prunken.*« Wichtig wurde für die vielseitig interessierte Fürstin zudem der Philosoph Gottfried Wilhelm Leibniz, der in Hannover als Hofrat und Bibliothekar wirkte. In dem Universalgenie fand sie nicht nur einen bedeutenden Gesprächspartner und Berater in politischen Fragen, sondern auch einen lebenslangen Freund. Der von Leibniz angestrebten Ökumene der christlichen Konfessionen stimmte sie zu; denn Sophie war keine Freundin von »*Pfaffengezänk*«. Auf seinen Vorschlag hin begann sie im Winter 1680/81, als sie sich in einer persönlichen Krise befand, mit der Abfassung ihrer Memoiren zu beschäftigen, um über ihre Melancholie hinwegzukommen. Sie gehört damit zu den ersten Frauen aus dem deutschen Hochadel, die ihre Lebenserinnerungen niederschrieben, aber selbstverständlich verfasste sie diese wie auch den Großteil ihrer umfangreichen Korrespondenz in Französisch, das damals als Sprache der Gebildeten und des Hofes galt. Eine Veröffentlichung plante sie nicht.

Erst gegen Ende seines Lebens hatte der nach mehreren Schlaganfällen immer hinfälligere Kurfürst Ernst August seine Ehefrau wieder ganz an seine Seite zurückgeholt. Er wollte fast nur noch Sophie um sich haben, während er seine langjährige Mätresse, Gräfin Clara Elisabeth von Platen, nicht mehr sehen wollte. Nach Ernst Augusts Tod im Januar 1698 übernahm seine Witwe am Hof des ältesten Sohnes, der nach seiner Scheidung keine standesgemäße Ehe mehr eingegangen war, die Position der Ersten Dame mit den dazugehörigen Repräsentationspflichten. Kurfürst Georg Ludwig besprach mit seiner Mutter allerdings nie persönliche oder politische Themen.

Dass es für die Welfen in der Tat »*keine von höherer Geburt zu wählen*« gab als Sophie, wie sie im Rückblick stolz vermerkte, erwies sich 1701, als das englische Parlament den »Act of Settlement« erließ, der festlegte, dass von nun an allein protestantische Erben den englischen Thron besteigen durften. Die Enkelin des Stuart-Königs Jakob I. und mit ihr ihre protestantischen Nachkommen rückten dadurch in unmittelbare Nähe der Thronfolge auf, da Sophie nach der 35 Jahre jüngeren Anna Stuart, Tochter Jakobs II., die nächste Anwärterin auf die Krone war. Mit ihren Versuchen, den Anspruch Hannovers abzusichern, erregte die verwitwete Kurfürstin jedoch bei Königin Anna, die selbst keine überlebenden Kinder hatte, heftiges Missfallen, indes konnte die Thronfolge der Welfen nicht mehr vereitelt werden. Zwar verstarb Sophie einige Wochen vor Anna, doch ihr ältester Sohn konnte als erster Welfe 1714 den britischen Thron besteigen. Mit König Georg I. begann die bis 1837 bestehende Personalunion zwischen Großbritannien und Hannover. Sophie starb hingegen nach den Worten von Leibniz den Tod, »*den sie sich gewünscht hatte*«. Am 8. Juni 1714 erlag sie auf ihrem gewohnten Abendspaziergang im Garten von Herrenhausen den Folgen eines Schlaganfalls.

Sophie Charlotte von Hannover

* 1668 in Iburg bei Osnabrück
† 1705 in Hannover
Königin in Preußen

»Die Kurfürstin ist eine der schönsten Frauen von Deutschland. Ihr Teint, ihre Augen, ihr Mund – alles an ihr ist entzückend. Dabei ist die Schönheit noch die geringste ihrer Eigenschaften. Ihr Verstand ist lebhaft und angenehm, glänzend, kräftig und gerecht. Sie weiß viel, sie liest täglich drei bis vier Stunden, aber keine Schmöker, sondern die besten Autoren. Sie spricht gut italienisch und liebt die Kunst. Ihr Wissen macht sie nicht trocken, sie ist eine Gelehrte, aber in der Art einer Fürstin. Sie liest nicht, um ihr Gedächtnis vollzustopfen, sondern um sich ein Urteil zu bilden, und sie drückt sich sehr gut aus. (…) Sie ist kokett und möchte gefallen, aber alle Leute, die sie seit ihrer Kindheit kennen, loben ihre Tugendhaftigkeit.« Derartige Elogen auf die spätere erste preußische Königin Sophie Charlotte wie jene aus der Feder des französischen Diplomaten de La Rosière aus dem Jahr 1693 finden sich nicht selten. Echte Popularität erlangte die intellektuelle Welfin trotzdem nie in Brandenburg-Preußen, wozu sicherlich der Umstand beitrug, dass sie sich mit ihrer neuen Heimat und deren Interessen zu keinem Zeitpunkt wirklich identifizierte.

Als einzige Tochter unter den sieben Kindern des späteren hannoverschen Kurfürsten Ernst August erhielt die am 30. Oktober 1668 geborene Sophie Charlotte allein aus praktischen Gründen eine ähnliche Erziehung wie ihre Brüder. Die hübsche und aufgeweckte Fürstentochter beherrschte neben Deutsch noch Französisch, Englisch und Italienisch und hatte Grundkenntnisse im Lateinischen. Um den letzten aristokratischen Schliff zu bekommen, wurde Sophie Charlotte 1683 für ein Jahr nach Frankreich geschickt.

Mit ihrer Mutter Sophie von der Pfalz, der sie zeitlebens eng verbunden blieb, teilte die Prinzessin schon früh ein großes Interesse an philosophischen Fragen. Beide begeisterten sie sich für Musik und Gartenkunst. Um für Sophie Charlotte die größtmöglichen Chancen auf dem hochadeligen Heiratsmarkt zu sichern, wurde bei ihrer religiösen Erziehung darauf geachtet, dass diese keine zu starke konfessionelle Bindung bei ihr erzeugte. Zeitweise wurde ihre Verheiratung mit dem französischen Thronfolger, dann mit dem verwitweten französischen König Ludwig XIV. erwogen. Der bayerische Kurfürst Max Emanuel wurde ebenfalls ins Kalkül einbezogen. Aus rein machtpolitischen Erwägungen kam ihre Heirat mit dem verwitweten, elf Jahre älteren Kurprinzen Friedrich von Brandenburg, Sohn des Großen Kurfürsten Friedrich Wilhelm, zustande. Sophie Charlottes Eltern befürworteten diese Verbindung, weil sie sich davon die Unterstützung Brandenburgs für die von Hannover angestrebte Kurwürde erhofften. Für die Hohenzollern stellte diese Heirat eine dynastische Aufwertung dar, da die Prinzessin über eine namhafte Ahnenreihe verfügte, die bis in sagenhafte Zeiten zurückreichte. Am 8. Oktober 1684 wurde in Herrenhausen bei Hannover die Vermählung unter großer Prachtentfaltung gefeiert.

Die junge Welfin fühlte sich am Berliner Hof nie wirklich wohl. In der zerstrittenen kurfürstlichen Familie bot ihr Ehemann Friedrich ihr keinen tatsächlichen Halt. Der freundliche, aber scheue und introvertierte Prinz, der mit seiner ersten Gemahlin Elisabeth Henriette von Hessen-Kassel eine glückliche, auf gegenseitige Zuneigung gegründete Ehe geführt hatte, musste bald feststellen, dass seine zweite Ehefrau nicht seinen Erwartungen an eine Gefährtin entsprach. Umgekehrt wurde der nicht sonderlich geistreiche, dazu noch schmächtige und verwachsene Hohenzoller auch nicht den Ansprüchen der lebhaften, weltoffenen und selbstständigen Sophie Charlotte an einen Partner gerecht. Das wechselseitige

Verhältnis gestaltete sich entsprechend schwierig. Es entwickelte sich immer mehr eine wachsende Distanz zwischen dem Ehepaar. Während die Kurprinzessin ihren Gatten in den ersten Ehejahren noch zu den verschiedensten Anlässen begleitete, nahmen später die räumlichen Trennungen zwischen ihnen zu. Die von Friedrich veranstalteten glanzvollen, ganz und gar auf Repräsentation ausgerichteten Festlichkeiten langweilten sie. Obwohl ihr Ehemann nach dem Tod seines Vaters im Mai 1688 als Friedrich III. Kurfürst wurde, nutzte Sophie Charlotte weiterhin jede Gelegenheit, um nach Hannover reisen zu können. Solches Verhalten war für eine verheiratete Fürstin damals eher unüblich. Nicht umsonst veranlasste ihr unabhängiger Lebensstil bei ihrer nach Frankreich verheirateten Cousine Liselotte von der Pfalz im November 1694 den leicht neidischen Kommentar: *»Wenn ich betrachte, daß I. L. die Churfürstin von Brandenburg hinreißt, wo es ihnen beliebt, heußer bawet, musicanten hatt, mitt einem wort: thut waß ihr gefelt, finde ich, daß sie woll tausendt undt tausendtmahl glücklicher ist, Churfürstin in Brandenburg zu sein, alß wenn sie hir dauphine gewesen were, denn da hette sie allzeit thun müßen waß andere wollen, nie ohne den König reißen, wenig gelt haben undt nimmermehr ihre verwanten sehen.«*

Ihrer dynastischen Hauptaufgabe, den Fortbestand des Hauses Hohenzollern zu sichern, war Sophie Charlotte zu diesem Zeitpunkt bereits nachgekommen. Nachdem sie zwei Kinder kurz nach der Geburt verloren hatte, brachte sie am 14. August 1688 mit ihrem Sohn Friedrich Wilhelm, dem späteren »Soldatenkönig«, den ersehnten Thronfolger zur Welt. Ihre Bemühungen, diesem eine sorgfältige Erziehung nach ihren Vorstellungen zu vermitteln, waren jedoch zu ihrem Kummer von wenig Erfolg gekrönt. Der völlig anders als seine Mutter veranlagte, aufbrausende und charakterlich extrem schwierige Prinz zeigte keine große Neigung zu Musik, Philosophie und Lektüre, sondern verachtete die verfeinerte Hofkultur seiner Zeit.

Immer wieder versuchte Sophie Charlotte die Politik des Berliner Hofes zu beeinflussen, wobei sie sich vor allem von den Interessen des Welfenhauses leiten ließ. Nicht zu Unrecht beschuldigte sie ihr jahrelanger politischer Gegenspieler, der allmächtige und strenge Oberpräsident und Premierminister Eberhard von Danckelmann, *»ihr eigen Haus mehr zu lieben als das von Brandenburg«*. Der Minister sorgte zudem zu ihrem Missbehagen dafür, dass der Etat für ihre Hofhaltung knapp bemessen war. Durch ihre Mitwirkung an entsprechenden höfischen Intrigen trug Sophie Charlotte zwar 1697 zum Sturz Danckelmanns bei, aber politisches Kapital konnte sie daraus nicht schlagen. Sie besaß nicht das diplomatische Geschick und das politische Urteilsvermögen ihrer Mutter.

1695 nahm der Bau ihres Lustschlosses Lietzenburg bei Berlin seinen Anfang. Mit dem Ausführungsentwurf beauftragte sie den Oberbaudirektor Johann Arnold Nering, nach dessen Tod Martin Grünberg das Projekt weiterführte. 1699 konnte die Einweihung gefeiert werden. 1701 begann Johann Friedrich Eosander mit dem Ausbau zu einer Dreiflügelanlage, um eine voll funktionsfähige Sommerresidenz zu schaffen. Zu dem Landsitz gehörte auch eine aufwendige Gartenanlage, deren Pläne zuvor André Le Nôtre, dem Gartenarchitekten Ludwigs XIV., zur Begutachtung vorgelegt worden waren. In Lietzenburg konnte Sophie Charlotte relativ unabhängig leben. Ihr Gatte, der sie bei ihrem Bauprojekt großzügig finanziell unterstützte, besuchte sie dort nur nach ausdrücklicher Einladung. An ihrem Lietzenburger Musenhof versammelte sie einen Kreis namhafter Künstler, Gelehrter und Theologen um sich. Sie pflegte das französische Theater und die italienische Oper. Sophie Charlotte spielte selbst ausgezeichnet Cembalo und galt als begabte Sängerin. Neben Festivitäten, die einzig der höfischen Zerstreuung dienten, fanden hier auch zwanglose philosophisch-religiöse Gespräche statt. Einen besonders engen Gedankenaustausch unterhielt Sophie Charlotte seit 1697 mit dem Universalgenie Gottfried Wilhelm Leibniz. Er wurde ein häufiger Gast in Lietzenburg. Mit ihrer Hilfe gelang es Leibniz, Kurfürst Friedrich III. im Juli 1700 zur Gründung der Berliner Akademie der Wissenschaften zu bewegen. Trotzdem fühlte sich Sophie Charlotte von Leibniz nicht wirklich gewürdigt: »*Ich liebe diesen Mann, aber es ärgert mich, daß er für mich alles so oberflächlich behandelt, er mißtraut meinem Genie, denn nur selten geht er wirklich tief auf die Dinge ein.*« Die 1710 erfolgte Veröffentlichung seines religions-philosophischen Hauptwerks, die »Essais de Théodicée«, erlebte Sophie Charlotte nicht mehr. Es ging in wesentlichen Teilen auf Leibniz' Gespräche mit der Fürstin zurück.

Die prunkvolle Krönung zur ersten preußischen Königin im Königsberger Schloss am 18. Januar 1701 stellte einen Höhepunkt in ihrem Leben dar, obwohl Sophie Charlotte der Rangerhöhung gleichgültig bis ablehnend gegenüberstand. Ihr Ehemann König Friedrich I. setzte ihr selbst die Krone auf.

Wie so oft reiste sie auch 1705 zum Karneval nach Hannover. Im Alter von lediglich 36 Jahren verstarb sie dort in der Nacht zum 1. Februar an den Folgen einer verschleppten Erkältung, die sich zu einer Lungenentzündung entwickelt hatte. Ihre Familie zeigte sich tief getroffen. Ihre Mutter Sophie klagte: »*Ich habe verloren, was meine größte Freude in dieser Welt war.*« Der erschütterte Witwer Friedrich I. sorgte für ein ausgesprochen prachtvolles Staatsbegräbnis, das ihm für die erste Königin seines Hauses angemessen erschien. Sophie Charlotte wurde in einem von Andreas Schlüter geschaffenen vergoldeten Prunksarkophag im Berliner Dom zur letzten Ruhe gebettet. Außerdem veranlasste Friedrich I. im April 1705 ihr zu Ehren die Umbenennung des Schlosses Lietzenburg in Charlottenburg, das er zu seiner bevorzugten Sommerresidenz ausbaute und in dem er die jung Verstorbene als erste preußische Königin glorifizierte.

Die Welfen als Bischöfe
von Osnabrück

Im Vorfeld des Westfälischen Friedens, der im Oktober 1648 den Dreißigjährigen Krieg beendete, hatte das Welfenhaus Ansprüche auf mehrere Bistümer in Nordwestdeutschland erhoben. In Ratzeburg, Bremen, Magdeburg und Halberstadt besaßen Welfenherzöge die Anwartschaft auf die Herrschaft. Das Haus Braunschweig-Lüneburg konnte sich letztlich aber nicht gegen die beiden damals stärkeren protestantischen Mächte, Schweden und Brandenburg, durchsetzen. Die Welfen mussten sich am Ende mit der temporären Herrschaft über Osnabrück abfinden.

Seit der Reformation erlebten das Hochstift Osnabrück und seine Einwohner eine wechselvolle Geschichte konfessioneller Zugehörigkeiten. 1648 wurde für Osnabrück im Westfälischen Frieden festgelegt, dass sich ein katholischer und ein lutherischer Bischof in der Landesherrschaft über das Fürstbistum abwechseln sollten. Die Bischöfe beider Konfessionen sollten dabei vom Domkapitel gewählt werden. Mit dem katholischen Kirchenrecht war diese Verpflichtung katholischer Domherren, einen Protestanten zum Nachfolger eines katholischen Bischofs zu wählen, allerdings nicht in Einklang zu bringen. Während die Osnabrücker Domherren bei der Wahl der katholischen Bischöfe weiterhin uneingeschränkte Wahlfreiheit genossen, waren sie bei der Wahl der protestantischen Landesherren gehalten, sich für einen Angehörigen der hannoversch-calenbergischen Linie des herzoglichen Hauses Braunschweig-Lüneburg zu entscheiden. Ihre Wahl sollte außerdem möglichst auf einen der jüngeren Prinzen dieses Hauses fallen. Zunächst sollte die Herrschaft über das Hochstift gemäß dem Friedensvertrag wieder an den 1633 von den Schweden vertriebenen katholischen Bischof Franz Wilhelm von Wartenberg gehen. Sein Nachfolger sollte der protestantische Herzog Ernst August von Braunschweig und Lüneburg werden.

Im Übrigen sollten laut Friedensvertrag die katholischen und protestantischen Einwohner des Fürstbistums rechtlich gleichgestellt sein. In geistlichen Angelegenheiten hatten die Osnabrücker Bischöfe daher keinerlei Befugnis, sich in die Belange der jeweils anderen Konfession einzumischen. Während der Regentschaft eines lutherischen Bischofs übte deshalb der Erzbischof von Köln die kirchlichen Leitungsfunktionen über die katholische Geistlichkeit und Einwohnerschaft des Osnabrücker Hochstifts aus. In ihren weltlichen Herrschaftsrechten unterschieden sich die Fürstbischöfe dagegen nicht. Die Regelung der Einzelheiten wurde in einer immerwährenden Kapitulation getroffen, der »Capitulatio perpetua« vom 28. Juli 1650.

Bis zum Ende des Heiligen Römischen Reichs Deutscher Nation nahm das Hochstift Osnabrück dank der Einführung der alternativen Sukzession unter den verbliebenen geistlichen Fürstentümern eine Sonderstellung ein. Als einziges Fürstbistum wurde es im Wechsel von einem katholischen und einem evangelischen Landesherrn regiert. Hinzu kamen noch die in der »Immerwährenden Kapitulation« festgesetzten Regelungen zur rechtlichen Gleichstellung der katholischen und der lutherischen Konfession im Hochstift. Trotz der päpstlichen Missbilligung der zeitweiligen Herrschaft evangelischer Bischöfe richteten sich die katholischen Domherren bei den Bischofswahlen sowohl 1716 als auch 1764 nach den Vorschriften des Reichsrechts und der Osnabrücker Stiftsverfassung.

Mit Fürstbischof Ernst August I. begann die Welfenherrschaft im Hochstift. Der jüngste Sohn des Herzogs Georg von Calenberg hatte schon 1648 den Titel eines designierten Nachfolgers zum Bischof und Landesfürsten von Osnabrück erhalten. Da der erste Wechsel von einem katholischen zu einem evangelischen Landesherrn in seiner Person bereits festgelegt war, war nach dem Tod des katholischen Bischofs und Kardinals Franz Wilhelm von Wartenberg 1661 eine Bischofswahl nicht erforderlich. Am 30. September 1662 konnte Ernst August mit großem Gepränge in sein Fürstentum einziehen. Dem gesteigerten Repräsentationsbedürfnis des Barockzeitalters entsprechend ließ er für sich, seine Gattin Sophie von der Pfalz und die gemeinsamen Kinder ein neues fürstbischöfliches Schloss in Osnabrück errichten. Als er seinen im Dezember 1679 verstorbenen Bruder Johann Friedrich in dessen Fürstentum Calenberg-Göttingen-Grubenhagen beerbte, siedelte er 1680 mit seiner Familie in die dortige Residenzstadt über, nach Hannover. Dem Hochstift Osnabrück brachte seine Herrschaft die Anlage einer Glasfabrik in Iburg, eine Verstärkung der Osnabrücker Befestigungswerke, den Bau der protestantischen Kirche in Iburg und eine neue Münzordnung. Ernst August regierte bis zu seinem Tod am 23. Januar 1698 über das Hochstift.

Als Ernst Augusts Nachfolger, der katholische Bischof Carl von Lothringen, 1715 starb, war das Kurfürstentum Hannover bereits mit dem Königreich Großbritannien in der Person von König Georg I. verknüpft und das Haus Hannover damit zu einem der mächtigsten Fürstenhäuser Europas aufgestiegen. Zum ersten Mal musste jetzt seit Einführung der Wechselfolge im Hochstift Osnabrück ein evangelischer Bischof aus dem Hause der Welfen gewählt werden. Am 2. März 1716 wurde der evangelische Herzog Ernst August, der 1674 als jüngster Sohn des Herzogspaars Ernst August und Sophie in Osnabrück zur Welt gekommen war, unter strenger Einhaltung der rechtlichen Bestimmungen vom Domkapitel einstimmig zum Bischof gewählt. Im Vorfeld der Wahl hatte sich auch dessen älterer, inzwischen zum katholischen Glauben konvertierter Bruder Maximilian Wilhelm, der vom Papst unterstützt wurde, um das Bischofsamt bemüht. Es waren jedoch weder die Osnabrücker Domherren dafür zu gewinnen, die konfessionelle Wechselfolge zu umgehen und damit die Stiftsverfassung zu verletzen, noch wollte Georg I. seinen Bruder Maximilian Wilhelm, dem er seit dem dramatischen Streit bei der Einführung der Primogenitur, des Erbfolgerechts des Erstgeborenen und seiner Nachkommen, in Hannover misstraute, auf dem Bischofsstuhl sehen. Um sicherzustellen, dass sein jüngster Bruder Ernst August ordnungsgemäß zum Bischof gewählt würde, ließ Georg I. »vorsichtshalber« hannoversche Truppen an die Grenze zum Hochstift Osnabrück verlegen.

Am 9. Juni 1716 hielt Fürstbischof Ernst August II. seinen Einzug in Osnabrück, der auf seinen Wunsch hin in aller Stille erfolgte. Wenig später verlieh ihm sein älterer Bruder Georg I. den Titel eines Herzogs von York und Albany. Ernst August II. residierte in dem von seinem Vater erbauten bischöflichen Schloss in Osnabrück und erwies sich als fürsorglicher Landesvater, der unnötigen Aufwand nicht schätzte und die einheimische Industrie und den Handel förderte. Es gelang ihm allerdings während seiner gesamten Regierungszeit nicht, die ausgedehnte Gerichtsbarkeit des Domkapitels wieder auf kirchliche Belange zu beschränken. Am 14. August 1728 verstarb Ernst August II. in Osnabrück.

Zwischen 1728 und 1761 regierte der Wittelsbacher Clemens August als katholischer Bischof über Osnabrück. Nach dessen Tod, der in die Zeit des Siebenjährigen Krieges fiel, verzögerte das Welfenhaus die notwendig gewordene Wahl eines neuen Bischofs, weil es sich von dem für ihn inzwischen günstigen Kriegsverlauf die Möglichkeit zur Abschaffung der alternativen Sukzession und damit die Säkularisierung des Hochstifts sowie dessen Eingliederung in das Kurfürstentum Hannover versprach. Der englische König Georg III. zwang das Domkapitel daher, einen Revers zu unterschreiben, ohne seine Zustimmung in der Bischofswahl nichts zu unternehmen. Das Domkapitel hatte selbst zuvor auch mit

der Abschaffung der alternativen Sukzession, einer Katho-
lisierung des Hochstifts und einer Beseitigung aller Herr-
schaftsansprüche des Hauses Hannover geliebäugelt, als die
Kriegsereignisse noch einen für Großbritannien-Hannover
unguten Verlauf genommen hatten. Im Friedensschluss von
1763 wurde indes festgelegt, dass sämtliche Bestimmungen
des Westfälischen Friedens auch in Zukunft unverändert
gelten sollten. Als am 16. August 1763 der zweite Sohn des
englischen Königs, Friedrich, geboren wurde, änderte Georg III. seine bisherige Osnabrück-Politik, die kaum mehr
Chancen auf eine Realisierung besaß. Er drängte jetzt darauf,
dass sein neugeborener Sohn zum Bischof gewählt wurde.
Das Domkapitel sah sich genötigt, den erst wenige Monate
alten Herzog von York am 27. Februar 1764 feierlich zum Bischof zu wählen. Gemäß den Bestimmungen der Capitulatio
perpetua hätte für einen unmündigen evangelischen Bischof
eine domkapitularische Minderjährigkeitsregierung eingesetzt werden müssen. Georg III. ging darüber jedoch hinweg
und installierte stattdessen eine eigene Vormundschaftsre-
gierung, die tatsächlich bis zur Volljährigkeit Friedrichs von
York im August 1783 die Geschäfte des Stifts führte. Osnabrück wurde quasi auf diesem Weg zu einem Nebenland
Großbritannien-Hannovers. Zwar war das Domkapitel mit
dieser Entwicklung keineswegs einverstanden, doch 1770
einigten sich beide Seiten darauf, ihre Streitigkeiten über die
Regierungsführung beizulegen.

Fürstbischof Friedrich von York stattete seinem Hochstift
erstmals im September 1784 einen Besuch ab. Zur großen
Enttäuschung seiner Untertanen machte er es Osnabrück
nicht zu seiner ständigen Residenz. Er beschränkte sich auf
gelegentliche Besuche und überließ die Führung der Regierungsgeschäfte im Wesentlichen dem bedeutenden Juristen
Justus Möser, der für diese bereits seit 1763 verantwortlich
gewesen war. Friedrich von York widmete sich bevorzugt
seiner militärischen Karriere. 1791 heiratete er Prinzessin

Friederike, eine Tochter des Königs Friedrich Wilhelm II. von Preußen. Als im Zuge der gewaltigen Umwälzungen nach der Französischen Revolution die Unabhängigkeit des reichsunmittelbaren Hochstifts Osnabrück endete, legte Bischof Friedrich am 29. Oktober 1802 seine Herrschaft über Osnabrück nieder. Sechs Tage später wurde das einstige Fürstbistum als erbliches Fürstentum offiziell in das Kurfürstentum Hannover einverleibt. Diese Entwicklung bestätigte nochmals der Reichsdeputationshauptschluss vom Februar 1803. In den kommenden Jahren wechselte das ehemalige Hochstift mehrmals seine landesherrliche Zugehörigkeit, bevor es auf dem Wiener Kongress 1815 weitgehend dem neugeschaffenen Königreich Hannover zugeschlagen wurde. Der letzte Osnabrücker Fürstbischof starb 1827 kinderlos in London.

Hannover und Großbritannien während der Personalunion

Den Aufstieg des Hauses Hannover zu Weltgeltung brachte 1714 der Erwerb der englischen Königskrone, wodurch sich die Kräfteverhältnisse in Europa nachhaltig verschoben. Die Voraussetzung für diese enorme Machtsteigerung hatten sich die Welfen durch Heirat erworben. Bei der 1658 erfolgten Eheschließung von Herzog Ernst August mit Sophie von der Pfalz, die mütterlicherseits vom englischen Königshaus der Stuarts abstammte, zeichneten sich aber diese glänzenden Zukunftsaussichten für die norddeutsche Dynastie noch nicht ab.

Eine wesentliche Vorbedingung für die englische Thronanwartschaft schuf die sogenannte Glorreiche Revolution von 1688/89, in deren Verlauf der katholische König Jakob II. wegen seiner absolutistischen und profranzösischen Politik sowie wegen seiner Rekatholisierungsversuche abgesetzt und vertrieben wurde. Auf den Thron berief das englische Parlament stattdessen Jakobs ältere protestantische Tochter Maria und deren Ehemann Wilhelm von Oranien, den Statthalter der protestantischen Niederlande, der auf Bitten der parlamentarischen Opposition militärisch in England eingegriffen hatte. Die beiden großen politischen Gruppierungen im Parlament, die Whigs und die Tories, legten 1689 die englische Thronfolge mit der »Declaration of Rights« und der »Bill of Rights« fest. Sie beschränkten das Thronrecht dabei auf die protestantischen Mitglieder der Stuart-Dynastie. Als Erben wurden ausdrücklich Maria und Wilhelm III. und deren Nachkommen sowie Marias jüngere Schwester Anna und deren Nachkommen genannt. Trotz intensiver hannoverscher Bemühungen unterblieb eine

39

namentliche Aufführung von Herzogin Sophie, einer Enkelin des englischen Königs Jakob I., und ihrer Nachkommen in der gesetzlich verankerten Thronfolgeordnung.

Da die mit einem dänischen Prinzen verheiratete Thronfolgerin Anna Anfang 1689 einen lebensfähigen Sohn, den Herzog Wilhelm von Gloucester, zur Welt brachte, schien die Nachfolgefrage vorerst geklärt. Für den Welfenherzog Ernst August besaß sowieso bis 1692 der Erwerb der Kurwürde größere Bedeutung als die englische Sukzessionsfrage, für die er keine Trümpfe aus der Hand zu geben bereit war. Erst unter seinem Nachfolger wurde die Frage der englischen Thronfolge zum bestimmenden politischen Thema. Bei Georg Ludwigs Regierungsübernahme Anfang 1698 kam der endgültigen Sicherung der Kurwürde aber auch noch viel mehr Gewicht zu. Seinem absolutistischen Herrschaftsverständnis widerstrebten zudem die völlig anderen politischen Verfassungsverhältnisse in England. Georg Ludwig zeigte daher anfänglich scheinbar nur wenig Interesse an der Sukzession.

Im Jahr 1700 trat durch den unerwarteten Tod des elf Jahre alten, einzigen überlebenden Sohnes der Prinzessin Anna, des Herzogs von Gloucester, eine gänzlich veränderte Situation für das Haus Hannover ein. König Wilhelm III. war nach dem Tod seiner Gemahlin Maria keine zweite Ehe eingegangen. Von der gesundheitlich bereits stark geschwächten Anna war kaum noch Nachkommenschaft zu erwarten. Die Thronfolgeordnung in England musste deshalb neu geordnet werden. Dies erschien um so notwendiger, als sich nach dem kinderlosen Tod des spanischen Herrschers Karl II. ein Erbfolgekrieg größeren Ausmaßes abzeichnete, bei dem es um nichts weniger als eine französische Hegemonie in Europa ging. Das englische Parlament beschloss aus diesem Grund im Juni 1701 im Sinne der 1689 getroffenen Entscheidung für die protestantischen Stuart-Nachkommen, *»daß die durchlauchtigste Prinzessin Sophia, Kurfürstin und verwitwete Herzogin von Hannover, Tochter der* *durchlauchtigsten Prinzessin Elizabeth, vormaligen Königin von Böhmen, Tochter unseres vormaligen souveränen Landesherrn König Jacob I. glücklichen Angedenkens, hierdurch als die Nächste zur Thronfolge in der protestantischen Linie erklärt sei und ist (…) und daß davon und nach dem Ableben seiner Majestät unseres jetzt regierenden souveränen Königs und ihrer Königlichen Hoheit der Prinzessin Anna von Dänemark und in Ermangelung der Nachkommenschaft der Prinzessin Anna und seiner Majestät die Krone und Königliche Regierung (…) übergehen sollen auf die genannte durchlauchtigste Prinzessin Sophie und ihre leiblichen Erben, wenn sie Protestanten sind«.* Das Haus Hannover schob sich damit in die vorderste Reihe der Thronanwärter, obwohl es noch zahlreiche, aber eben »nur« katholische Anwärter der Stuart-Familie auf die Krone gab. Mit der Annahme der Krone waren darüber hinaus zusätzliche Bedingungen verbunden, die den künftigen Monarchen stärker als bisher in seinem Handlungsspielraum einschränkten und an die Verfassung und die Entscheidungen des Parlaments fesselten. Der »Act of Settlement« bestimmte nämlich u. a., dass Ausländer keine Stellungen im Zivil- und Militärdienst erhalten, keine Ministerposten übernehmen und nicht in das englische Parlament einziehen durften. Außerdem durften ihnen keine Krongüter übereignet werden. Ohne Genehmigung des Parlaments durfte überdies kein Krieg geführt werden, der der Verteidigung fremder, dem König gehörender Länder diente. Des Weiteren musste jeder zukünftige Monarch der anglikanischen Kirche beitreten.

Dieses bedeutsame, von König Wilhelm III. beurkundete Staatsdokument wurde durch eine Sondergesandtschaft nach Hannover überbracht. Am 15. August 1701 wurde die Sukzessionsurkunde in einer feierlichen Zeremonie durch Generalmajor Charles Gerard Earl of Macclesfield an die verwitwete Kurfürstin Sophie im Leineschloss in Hannover überreicht. Ihr Sohn Georg Ludwig wurde zwei Wochen später in den vornehmen Hosenbandorden aufgenommen.

Trotz des grundrechtlichen Charakters des »Act of Settlement« war die hannoversche Thronfolge nicht allgemein
akzeptiert. Es gab immer noch zahlreiche Anhänger der
Stuart-Dynastie. Am meisten neigten die Whigs den Welfen zu. Als im März 1702 Wilhelm III. an den Folgen eines
Reitunfalls starb, folgte ihm seine Schwägerin Anna auf den
englischen Thron nach. Die neue Königin duldete während
ihrer Regierungszeit kein Mitglied des Hauses Hannover
in Großbritannien, was Kurfürstin Sophie zur Absicherung
der hannoverschen Thronfolge durchzusetzen versuchte.
Dies führte zeitweise zu erheblichen diplomatischen Ver-
stimmungen. Im Gegensatz zu seiner Mutter nahm Kurfürst
Georg Ludwig eine zurückhaltendere Position ein, was ihm
angesichts der unterschiedlichen politischen Interessenlage
der beiden Staaten im Spanischen Erbfolgekrieg und wegen
der wechselnden Mehrheiten zwischen Whigs und Tories
politisch geboten erschien. Immerhin wurde die Thronfolge
der Hannoveraner durch das englische Parlament 1706 bzw.
1712 mittels weiterer Gesetze, des »Act of Naturalization«,
des »Act of Regency« und des »Act of Precedence«, genauer
geregelt und damit gleichzeitig bestätigt.

Kurfürstin Sophie erlebte die seit Jahrzehnten vorbereitete
englische Sukzession nicht mehr. Sie starb ein paar Wochen
vor Königin Anna, die am 1. August 1714 verschied, ohne
überlebende Nachkommen zu hinterlassen. Als nächster
protestantischer Verwandter erbte daher Kurfürst Georg
Ludwig gemäß dem »Act of Settlement« die britische
Königskrone und übersiedelte deshalb nach London. Im
Oktober fand seine Krönung in der Westminster Abtei statt.

Dank der 1714 entstandenen dynastischen Union
zwischen dem Königreich Großbritannien und dem Kurfürstentum Hannover erhielten nun zwei Länder dasselbe
Staatsoberhaupt, die in vielerlei Hinsicht kaum unterschiedlicher hätten sein können. Beide Staaten behielten während
der Personalunion ihre Eigenständigkeit. Ihre Staatskassen,

Regierungsgeschäfte und Gesetzgebung blieben voneinander getrennt. Politisch geriet Hannover als der wesentlich kleinere Staat immer mehr in eine abhängige Position gegenüber der europäischen Großmacht Großbritannien.

Das britische Inselreich, das den Absolutismus längst überwunden hatte, befand sich seit der Glorreichen Revolution von 1688/89 auf dem Weg zur parlamentarischen Monarchie. Als konstitutionell gebundener Monarch war der König auf die Mitwirkung des Ober- und Unterhauses angewiesen. Gerade die Herrschaft des Hauses Hannover basierte trotz des von den Welfen betonten Erbfolgeanspruchs eindeutig auf parlamentarischer Grundlage. Die Macht des Parlaments und des Premierministers nahm im Verlauf des 18. Jahrhunderts zulasten der Krone zu. Völlig ungewohnt war es für die Welfen, dass in England eine rege öffentliche Teilhabe und Diskussion über die politischen Fragen existierte. Die beiden ersten hannoverschen Könige Georg I. und Georg II. mussten, da ihre Position auf dem englischen Thron noch keineswegs unangefochten war und immer wieder von den durch Frankreich unterstützten Prätendenten der Stuart-Dynastie bedroht wurde, mehr um die Behauptung ihrer Stellung besorgt sein, als dass sie eine aktive politische Rolle spielen konnten. Nachdem 1745/46 der letzte große Versuch einer Restauration der Stuarts gescheitert war, musste sich Georg III., der 1760 den Thron bestiegen hatte, nicht mehr hauptsächlich um die Konsolidierung der Herrschaft des Hauses Hannover sorgen. Als in seiner Legitimität kaum mehr infrage gestellter Monarch wollte er die Machtfülle der Krone wieder erweitern und zu einem mehr persönlichen Regiment zurückkehren, was ihm allerdings auf Dauer nicht glückte. Wegen der schweren Krankheit Georgs III. bildete sich sukzessive eine parlamentarische Kabinettsregierung heraus. Die politische Entscheidungsgewalt ging immer mehr auf den Premierminister über. Die britischen Herrscher wurden zunehmend auf repräsentative Aufgaben beschränkt. Zwar dominierte im Parlament bis weit ins 19. Jahrhundert hinein die soziale Oberschicht, aber durch mehrere Reformmaßnahmen seit Ende des 18. Jahrhunderts gelang es, das politische System entsprechend den neuen Erfordernissen anzupassen und revolutionären Entwicklungen trotz immenser sozialer Spannungen den Boden zu entziehen.

Die Ende des 18. Jahrhunderts einsetzende Industrielle Revolution führte zu gewaltigen Umwälzungen im Wirtschaftsleben des Inselreichs und zu einem rasanten wirtschaftlichen Wachstum. Schon vorher hatte die weite Verbreitung von Manufakturen beträchtliche Wandlungen bewirkt. Wesentlich schneller als auf dem europäischen Kontinent schritt die Urbanisierung voran. Zunehmend gewannen im Lauf des 18. Jahrhunderts die überseeischen Handels- und Kolonialinteressen an Bedeutung; entsprechend groß war das Gewicht, das man den englischen Besitzungen in Amerika, im Westindischen Raum, in Asien und in Afrika beimaß.

Nach dem Siebenjährigen Krieg stieg Großbritannien zur Kolonial- und Weltmacht auf. Seiner ungehinderten Expansion stand Frankreich kaum noch im Weg, da es gelungen war, sowohl dessen Hegemonialbestrebungen in Europa zugunsten eines Gleichgewichts unter den Großmächten zu begrenzen als auch dessen Ausbau zu einer kolonialen Weltmacht vergleichbarer Größe abzuwehren. Eine Störung in dieser Entwicklung verursachte später nur Napoleon vorübergehend. Während der Georgianischen Epoche wurden somit die Grundlagen für die Weltmachtstellung geschaffen, die Großbritannien im Viktorianischen Zeitalter erlangte.

Im Gegensatz zu Großbritannien herrschte im Kurfürstentum Hannover ein traditionell dynastisches Herrschaftsverständnis. Auch kannte der Kurstaat keine parlamentarische Vertretung, die das ganze Land repräsentierte. Den hannoverschen Gesamtstaat bildeten sieben Länder oder Provinzen, die eigene ständische Organisationen, die Landschaften, einen eigenen Haushalt und eine begrenzte Gesetzgebung besaßen. Der Handlungsspielraum des Kurfürsten war dadurch anders als in Großbritannien nur in beschränktem Maße durch ständische Mitspracherechte eingeschränkt.

Bevor Kurfürst Georg Ludwig gen London aufbrach, um den britischen Thron zu besteigen, erließ er am 29. August 1714 für sein Kurfürstentum ein Regierungsreglement. Er legte damit fest, wie die Regierungsgeschäfte in seiner Abwesenheit geführt werden sollten. In allen wichtigen Angelegenheiten behielt er sich die Entscheidung vor. Lediglich in dringlichen Fällen durfte der Geheime Rat ohne Rückfrage selbstständig Beschlüsse treffen. Um die Verbindung des Herrschers zu seinen deutschen Stammlanden zu wahren, wurde in London überdies die »Deutsche Kanzlei« eingerichtet. Obwohl sie ihren Sitz im St.-James-Palast hatte, bestand keinerlei personelle Beziehung zur englischen Regierung. Da die Deutsche Kanzlei der Vermittlung zwischen dem abwesenden Landesherrn und den hannoverschen Behörden diente, sorgte dies bis in die 1830er-Jahre hinein für einen umfangreichen Schriftwechsel. Die ersten beiden Welfen auf dem britischen Königsthron, deren emotionale Bindung an Kurhannover noch größer als jene an England war, hielten den Kontakt auch zeitlebens durch mehrfach unternommene, ausgedehnte Reisen nach Hannover aufrecht. Sie nutzten diese außerdem zur Beziehungspflege innerhalb des Heiligen Römischen Reichs und zu den Nachbarhöfen sowie zu diplomatischen Verhandlungen. Im Gegensatz zu Georg I. und Georg II. hielt sich Georg III. als erster in England geborener und erzogener König aus dem Hause Hannover nie im Kurfürstentum auf. Wenngleich er seine deutschen Besitzungen nicht besuchte, brachte er ihnen doch ein wohlwollendes Interesse entgegen. Um die

Dynastie präsent zu halten, schickte er sechs seiner Söhne zur Ausbildung in das Kurfürstentum.

Durch die Abwesenheit des Landesherrn und die Verlagerung des politischen Schwerpunktes nach London büßte die Politik im Kurfürstentum Hannover ihren Mittelpunkt und weitgehend auch ihren Elan ein. Immer mehr gehorchte sie den Interessen des Adelsregimes der Geheimen Räte. Mit dem Machtverlust des Landesherrn ging eine Entwicklung zur vorabsolutistischen ständischen Mitregierung einher. In den Landständen gab der Adel als gesellschaftlich und politisch führende Schicht den Ton an und konkurrierte in den einzelnen Territorien mit der landesherrlichen Regierung. Im Vergleich zu anderen deutschen Staaten unterblieb in Hannover der weitere Ausbau des monarchischen Absolutismus mit seinen Zentralisierungs- und Vereinheitlichungstendenzen. Der Geheime Rat verwaltete mehr das Bestehende, als dass er regierte und zukunftweisende Entwicklungen anstieß. Die konservative Tendenz, die die hannoversche Politik nahm, brachte es mit sich, dass der Kurstaat am Ende des 18. Jahrhunderts im Rufe der Rückständigkeit stand. Zu den innovatorischen Leistungen im 18. Jahrhundert kann aber die von dem Minister Gerlach Adolph Freiherr von Münchhausen betriebene Gründung der Universität Göttingen in den 1730er-Jahren zählen, die sich innerhalb kurzer Zeit zu einer der angesehensten Hochschulen neuen Typs in Europa herausbildete.

Das Kurfürstentum war anders als Großbritannien noch ein reines Agrarland. Das Manufakturwesen blieb auf einige Städte beschränkt. Die Verbindung mit dem Inselreich trug auf dem wirtschaftlichen Sektor unter Modernisierungsaspekten nur wenig Früchte. Die ablehnende Haltung der Staatsführung gegenüber Neuerungen schlug sich auch in einer konservativen Wirtschaftspolitik nieder. Verbesserungen wurden vor allem auf dem Agrarsektor erzielt. Zu den fortschrittlichen Einrichtungen gehörte etwa das 1735 gegründete und bis heute bestehende Landgestüt in Celle, das für die Zucht des »Pferdelands« Hannover große Bedeutung erlangte. Über Deutschlands Grenzen hinaus gewann auch die 1778 gegründete Tierarzneischule in Hannover an Renommee. Generell kam es besonders während der Regierungszeit Georgs III. zu Reformen, die eine Produktivitätssteigerung der Landwirtschaft zum Ziel hatten.

Als der schwächere Partner musste sich Kurhannover auf außenpolitischem Gebiet, nicht zuletzt wegen seiner finanziellen Abhängigkeit, oft den seinen Bedürfnissen und alten Verpflichtungen diametral entgegenstehenden Interessen Großbritanniens unterordnen und besaß kaum Spielraum gegenüber London. Zu Beginn der Personalunion hatte das Kurfürstentum noch territorialpolitisch von der Verbindung profitiert, als es am Ende des Nordischen Krieges 1719 dank britischer Unterstützung die schwedischen Herzogtümer Bremen und Verden erwerben konnte. Fortan sah sich Hannover jedoch nicht selten in die undankbare Rolle des Anhängsels des Inselreichs gedrängt. Als kontinentaler Verbündeter Großbritanniens mutierte es zwischen 1739 und 1763 bei kriegerischen Auseinandersetzungen im militärischen Kalkül der kontinentaleuropäischen Mächte zu dessen vermeintlicher »Achillesferse«. Während des Siebenjährigen Krieges hatte der Kurstaat als Nebenkriegsschauplatz schwere Lasten unter einer französischen Besetzung zu tragen und profitierte nach dem Pariser Frieden im Gegensatz zu Großbritannien, das zur führenden Kolonialmacht der Welt aufstieg, territorial in keiner Weise davon. Nach 1763 erlebte der Kurstaat eine 30-jährige Friedensperiode, in der er außenpolitisch getrennte Wege von Großbritannien ging.

In den Koalitionskriegen der verbündeten europäischen Monarchen gegen das revolutionäre bzw. napoleonische Frankreich behauptete sich Großbritannien seit 1793 als der entscheidende und nicht besiegbare Gegner gegen seinen alten Erzrivalen. Das Kurfürstentum Hannover geriet hingegen zwischen 1803 und 1813 unter napoleonischen Einfluss. Zwar hatte es noch aus der territorialen Neuordnung Deutschlands durch den Reichsdeputationshauptschluss vom Februar 1803 Vorteil ziehen können, als die deutschen Reichsfürsten für den Verlust ihrer linksrheinischen Gebiete an Frankreich durch geistliche Territorien und den Besitz der kleineren Reichsstände entschädigt wurden. Hannover sicherte sich dabei das Hochstift Osnabrück. Dieser Gebietsgewinn währte nur kurz. Als nämlich im Frühjahr 1803 die Kampfhandlungen zwischen Frankreich und Großbritannien wieder einsetzten, wurde das Kurfürstentum selbst zur Manövriermasse. Da eine wirksame militärische Unterstützung durch Großbritannien unterblieb, kam Hannover, abgesehen von der kurzzeitigen Unterbrechung durch eine preußische Besetzung, bis 1813 unter französische Fremdherrschaft. Im August 1807 wurden die hannoverschen Fürstentümer Göttingen, Grubenhagen, Osnabrück sowie die Grafschaft Hohnstein abgetrennt und in das neugeschaffene Königreich Westphalen eingegliedert. Der Rest Kurhannovers verblieb, bis auf ein kurzes westphälisches Intermezzo im Jahr 1810, unter französischer Militärverwaltung.

Als sich das Ende der napoleonischen Herrschaft ankündigte, wurde der Welfenstaat im Herbst 1813 wiedererrichtet. Der Wiener Kongress 1814/15 brachte nicht nur eine Neuordnung Europas und die Durchsetzung des von Großbritannien vertretenen Gleichgewichtsgedankens, sondern auch dank britischer Unterstützung eine beachtliche territoriale Vergrößerung Hannovers. Außer dem einstigen Hochstift Hildesheim erhielt es Ostfriesland, Bentheim, Arenberg-Meppen, die Niedergrafschaft Lingen, die Stadt Goslar, das Untereichsfeld und einige kleinere Gebietsteile. Als Ausgleich musste das Herzogtum Lauenburg an Preußen abgetreten werden. Im Oktober 1814 wurde das einstige Kurfürstentum zum Königreich erhoben. Hannover gehörte ab jetzt aufgrund seiner territorialen Zugewinne zu den Mittelmächten des Deutschen Bundes, jenes auf dem Wiener Kongress geschaffenen lockeren Staatenbundes der deutschen Fürsten und der vier freien Städte zur Erhaltung der äußeren und inneren Sicherheit Deutschlands sowie der Souveränität der Einzelstaaten. Gegenüber Preußen besaß nunmehr das neue Königreich mehr Gewicht in Norddeutschland.

Nach 1815 kam der Personalunion kaum noch Bedeutung zu; denn beide Staaten verfolgten unabhängig voneinander eine unterschiedliche Politik. Großbritannien zeigte sich an einer Stabilisierung der Wiener Friedensordnung in Europa interessiert und widmete sich vor allem dem Ausbau seiner imperialen Interessen. In Hannover, das ganz im Gegensatz zu Großbritannien bis weit in das 19. Jahrhundert hinein als reiner Agrarstaat galt, setzten sich restaurative Vorstellungen durch. Konstitutionelle Neuerungen unterblieben bis Anfang der 1830er-Jahre. In der 1819 eingeführten Ständeversammlung wurde der Adel ebenso wie in den Provinziallandschaften weiterhin politisch privilegiert. Zwar war Herzog Adolph Friedrich von Cambridge vom Prinzregenten Georg, seinem ältesten Bruder, 1816 zum Generalgouverneur eingesetzt worden, doch maßgeblich wurde die hannoversche Politik in den folgenden fünfzehn Jahren von dem Kabinettsminister Ernst Herbert Graf zu Münster gelenkt. Als es im Zuge der französischen Julirevolution 1830 zu Unruhen im Harz und in Göttingen kam, konzentrierte sich die Missstimmung auf Graf Münster als Repräsentanten des altständischen Systems. Im Februar 1831 wurde Münster entlassen und Herzog Adolph Friedrich von König Wilhelm IV. zum Vizekönig ernannt. Zusammen mit dem konzilianten Herzog befürwortete der fortschrittlich eingestellte Teil der hohen Bürokratie einen Systemwechsel im Königreich. Durch die neue Verfassung, das Staatsgrundgesetz von 1833, wurde Hannover zu einem konstitutionellen Staat. Außerdem wurden dringend notwendige Agrarreformen auf den Weg gebracht.

Der Tod von König Wilhelm IV. am 20. Juni 1837 führte wegen der verschiedenen Thronfolgeregelungen zur Auflösung der Personalunion zwischen Großbritannien und Hannover. Weil die beiden Staaten nicht durch gemeinsame politische Institutionen, sondern nur durch die Person des Monarchen miteinander verbunden waren, stellte dieses Ende auf staatlicher Ebene kein Problem dar.

In Großbritannien waren Frauen im Gegensatz zu Hannover nach dem Erstgeburtsrecht thronberechtigt. Es bestand allerdings die Einschränkung, dass unter Geschwistern der jüngere Bruder Vorrang vor der älteren Schwester hatte. Da die achtzehn Jahre alte Prinzessin Viktoria das einzige legitime Kind des 1820 verstorbenen vierten Sohnes von König Georg III., des Herzogs Eduard von Kent, war, bestieg sie 1837 den britischen Thron. In der Geschichte des Inselreichs begann damit ein neuer Abschnitt. Im Königreich Hannover sah hingegen das welfische Hausgesetz vor, dass die Krone im Mannesstamm vererbt wurde. Die Thronfolge beruhte dabei auf dem Erstgeburtsrecht und der Lineal-Erbfolge. Beim Erlöschen der hannoverschen Linie im Mannesstamm kamen daher erst die männlichen Erben aus der herzoglich braunschweig-wolfenbüttelschen Linie zum Zug, bevor nach deren Aussterben die Krone auf eine Frau übergehen könnte. 1837 folgte in Hannover der fünfte Sohn von Georg III., Herzog Ernst August von Cumberland, auf den Thron nach.

Georg I. Ludwig

* 1660 in Hannover
† 1727 in Osnabrück
Kurfürst von Hannover,
König von Großbritannien
und Irland

Im Barockzeitalter, als viele Fürsten nach einer Königskrone strebten, gelang dem hannoverschen Kurfürsten Georg Ludwig mit der Übernahme der Thronfolge in Großbritannien und Irland ein enormer Prestigegewinn für sein Haus, das bisher nur in Norddeutschland eine größere Rolle gespielt hatte. Es erlangte damit letztlich weltpolitische und weltgeschichtliche Bedeutung. Ein solch glänzender Aufstieg war für ihn bei seiner Geburt am 28. Mai 1660 als ältester Sohn von Herzog Ernst August von Braunschweig-Lüneburg und dessen Ehefrau Sophie von der Pfalz noch nicht absehbar.

Sein Vater widmete ihm unter all seinen Söhnen die meiste Zeit. Seit Ernst August regierender Landesfürst in Hannover geworden war, ließ er seinem Erben Georg Ludwig eine gründliche Einweisung in die Staatsgeschäfte angedeihen. Im Dezember 1682 heiratete der Erbprinz aus Staatsgründen seine Cousine; denn die Ehe mit der schönen Sophie Dorothea, dem einzigen Kind seines Onkels, Herzog Georg Wilhelm von Braunschweig-Lüneburg, bezweckte eine Vereinigung der Territorien von Hannover und Celle. Das junge Prinzenpaar unterschied sich charakterlich stark voneinander. Dies trug zusammen mit Georg Ludwigs häufiger Abwesenheit, die seiner Teilnahme an verschiedenen Feldzügen geschuldet war, rasch zu einer Entfremdung bei. Aus der wenig glücklichen Verbindung stammten zwei Kinder, der spätere britische König und hannoversche Kurfürst

Georg II. und die nachmalige preußische Königin Sophie Dorothea. Georg Ludwig, der im Ruf stand, gefühlsarm, steif und verschlossen sein, bevorzugte schon bald statt der Gesellschaft seiner Gemahlin jene der liebenswürdigen Hofdame Ehrengard Melusine von der Schulenburg. Mit seiner lebenslangen Mätresse hatte er drei Töchter, die er zwar nicht öffentlich anerkannte, aber großzügig ausstattete. Anders verfuhr man dagegen bei seiner Ehefrau Sophie Dorothea, als sich diese in eine Affäre mit dem schwedischen Grafen Philipp Christoph von Königsmarck verstrickte. Die Sorge um das Ansehen des eben erst zu kurfürstlichen Würden aufgestiegenen Hauses Hannover führte zu einem harten Durchgreifen. Im Juli 1694 fiel der Graf einem Mordanschlag zum Opfer, im Dezember folgte die Scheidung des Kurprinzenpaars. Sophie Dorothea wurde zeitlebens nach Schloss Ahlden verbannt. Georg Ludwig ging keine weitere standesgemäße Ehe mehr ein.

Als sein Vater Ernst August am 23. Januar 1698 verstarb, wurde Georg Ludwig Kurfürst von Hannover. Er war auf die Regierungsnachfolge gut vorbereitet, weil er durch die Hinfälligkeit seines Vaters immer mehr seit 1694 die Führung der Amtsgeschäfte übernommen hatte. Dass er im Spanischen Erbfolgekrieg auf der Seite des Kaisers und der Seemächte stand, brachte ihm die endgültige Anerkennung der umstrittenen Kurwürde Hannovers ein. Nach dem Tod seines einstigen Schwiegervaters im August 1705 gelang ihm die vereinbarte Vereinigung des Fürstentums Lüneburg mit Hannover. Als unermüdlicher Arbeiter sorgte Georg Ludwig für eine geordnete und sparsame Verwaltung. Beeindruckt vermerkte der niederländische Diplomat Albert van der Meer: *»Es ist ihm sehr an seinem Ruf gelegen, aber er ist nicht im Übermaß ehrgeizig; er hat ein besonderes Talent zu den Staatsgeschäften (...); hat gesunden Menschenverstand und ein ebensolches Urteilsvermögen; er vergeudet seine Zeit nicht mit Nichtigkeiten.«* An seinem Hof verkehrten auch Persönlichkeiten wie der

Komponist Georg Friedrich Händel und der Universalgelehrte Gottfried Wilhelm Leibniz. Zu Letzterem hatte der
Kurfürst ein unterkühltes Verhältnis, da Leibniz mit seiner
Geschichte des Welfenhauses nicht zum Abschluss kam, mit
der der Anspruch auf die Kurwürde auch historiographisch
untermauert werden sollte.

Gegenüber dem im Jahr 1701 vom englischen Parlament
verabschiedeten »Act of Settlement«, der seine Mutter
Sophie und ihre Nachkommen als nächste protestantische
Verwandte des Königshauses in die vorderste Reihe in
der britischen Thronnachfolge schob, nahm er zwar nach
außen hin eine zurückhaltende Haltung ein, hielt jedoch
am hannoverschen Erbanspruch fest. Da Kurfürstinwitwe
Sophie kurz vor der britischen Königin Anna starb, wurde Georg Ludwig mit dem Tod der Stuart-Königin am 1.
August 1714 als Georg I. zum König von Großbritannien
und Irland proklamiert. In Begleitung eines zunächst aus
etwa 70, später aus ungefähr 25 Personen bestehenden deutschen Hofstaates, seines Sohnes Georg August und seiner
Mätresse Melusine zog Georg nach London. Seine Cousine
Liselotte von der Pfalz prophezeite, dass er »*mehr unruhe
undt mühe*« haben würde »*in seinem königlichen standt, alß
vergnügen*«. Nachdem er den Eid auf die Gesetze und die
Union Englands und Schottlands abgelegt hatte, wurde er
im Oktober in der Londoner Westminster Abtei gekrönt.

Der frischgebackene britische Monarch konnte zwar auf
anderthalb Jahrzehnte Regierungserfahrung aus Hannover
verweisen, doch sein neues Land kannte er kaum. Auch für
die meisten Bewohner des Inselreichs war er ein Fremder,
weil Königin Anna zu ihren Lebzeiten keine Besuche aus
Hannover toleriert hatte. Dass Georg I. an einem zurückge-
zogenen Privatleben gelegen war, Pomp und Schaustellung
nicht liebte und daher bloß bereit war, die unvermeidlichen
öffentlichen Auftritte zu absolvieren, stieß bei seinen neuen
Untertanen auf wenig Verständnis. Sein sprödes Naturell

wirkte ebenfalls nicht popularitätsfördernd. Als schwierig erwies es sich, dass er nur leidlich Englisch sprach. Georg verfügte dafür über gute Französisch-, Deutsch- und Latein-kenntnisse und beherrschte etwas Italienisch und Niederlän-disch. In seiner Korrespondenz bevorzugte er Französisch, das als Hofsprache auf dem Kontinent galt. Dass er sich des Englischen lediglich sparsam bediente, mag sowohl etwas mit Schüchternheit als auch mit der Sorge um seine Würde als König zu tun haben. Als bedeutsamer Mäzen trat Georg I. in Großbritannien weniger hervor. Vor allem die Förderung der Musik lag ihm am Herzen, weshalb er sich auch in London für Händel verwandte. Der König fungierte als Schirmherr der neugegründeten Royal Academy of Mu-sic, jenes Opernunternehmens, dessen musikalischer Leiter der Komponist war. Positiv vermerkt wurde außerdem, dass Georg ein guter Reiter und Jäger war.

Keineswegs mit seiner Thronbesteigung einverstanden waren die Anhänger der katholischen Stuarts, die Jakobiten. 1715/16 brach der erste Jakobitenaufstand aus, der darauf abzielte, Georg zu stürzen und stattdessen den katholischen Halbbruder der verstorbenen Königin Anna, Jakob Eduard Stuart, als König Jakob III. einzusetzen. 1719 kam es zu ei-nem zweiten, ebenfalls erfolglosen Aufstand der Jakobiten. Da viele Mitglieder der Tory-Partei mit den Rebellen sym-pathisiert hatten, setzte Georg verstärkt auf die Whig-Partei. Er wich damit von seinem ursprünglichen Konzept ab, als König über den Parteien zu stehen. Fast ein halbes Jahrhun-dert lang gaben die Whigs im Parlament den Ton an.

Zeitweise sorgte das schlechte Verhältnis des Königs zu seinem einzigen Sohn und Thronerben Georg August für politische Differenzen. Zwar wurde der heftige Fa-milienstreit, der 1717 bei der Taufe seines Enkels Georg Wilhelm offen ausgebrochen war, 1720 wenigstens ober-flächlich beigelegt, doch die Beziehung zwischen Vater und Sohn blieb frostig.

Georg I. lag vor allem an der Außenpolitik und dem Militär. Gerade in seinen ersten Herrschaftsjahren spielte er eine aktive Rolle in der britischen Außenpolitik, die auch seinen deutschen Stammlanden zugutekam. Aufgrund englischer Hilfe gelang es, am Ende des Großen Nordischen Krieges die Herzogtümer Bremen und Verden von Schweden für Hannover zu erwerben. Das Kurfürstentum stieg dadurch zur führenden norddeutschen Macht neben Preußen auf. Später dominierten außenpolitisch die britischen Interessen dank Robert Walpoles Einflussnahme auf den König. Der Whig-Politiker war seit 1721 die maßgebliche Persönlichkeit in der britischen Regierung, nachdem es ihm durch behändes Taktieren gelungen war, eine ernsthafte politische Krise abzuwenden, die 1720 durch das Platzen eines Spekulationsgeschäfts ausgelöst worden war. Der »South Sea Bubble«, der Südseeschwindel, gehört zu den ersten großen Börsenkrächen in der Geschichte. Er ruinierte nicht nur viele Anleger, sondern diskreditierte auch Hof und Regierung, die in das Unternehmen verwickelt waren. Seinem geschickten Krisenmanagement im Parlament verdankte Walpole die Ernennung zum Ersten Schatzlord und Schatzkanzler. Rein faktisch gesehen war er der erste Premierminister. Tatsächlich wurde dieser Titel erst 1730 eingeführt. Mit der Machtverschiebung zugunsten des Parlaments setzte eine Entwicklung der britischen Monarchie in Richtung konstitutioneller Monarchie ein. 1725 bewirkte Walpole den Abschluss einer Allianz zwischen Großbritannien, Frankreich und Preußen, was der traditionell prokaiserlichen Politik des hannoverschen Kurstaats widersprach.

Die Besuche im heimatlichen Hannover spielten für Georg I. eine wichtige Rolle. Den Geschicken seines Kurfürstentums, in dem er als Landesherr viel absoluter als in England herrschen konnte, widmete er zum Missfallen der Briten generell große Aufmerksamkeit. Über die von ihm eingerichtete »Deutsche Kanzlei« in London wurden die

Angelegenheiten in Hannover gesteuert. Als sich Georg I. 1727 zum sechsten Mal seit seiner Thronbesteigung auf den Weg in seine deutschen Stammlande machte, verstarb er am 22. Juni in Osnabrück an den Folgen eines Schlaganfalls. Die von ihm in seinen Testamenten von 1716 und 1720 vorgesehene Auflösung der Personalunion wegen der Diskrepanzen zwischen den britischen und hannoverschen Interessen kam nicht zum Tragen. Sein Sohn Georg II. unterdrückte das väterliche Testament.

Sophie Dorothea von Braunschweig-Lüneburg

* 1666 in Celle
† 1726 in Ahlden
Kurprinzessin von Hannover,
»Prinzessin von Ahlden«

Die als Prinzessin von Ahlden zu tragischer Berühmtheit gelangte Welfin, deren Leben von ihrer unglückseligen Liebe zum Grafen Königsmarck überschattet wurde, kam am 10. September 1666 zur Welt. Sie war das einzige überlebende Kind aus der erst nachträglich legitimierten Ehe von Herzog Georg Wilhelm von Braunschweig-Lüneburg mit der nicht ebenbürtigen Hugenottin Eléonore Desmier d'Olbreuse, die dem französischen Landadel entstammte. Sophie Dorothea verlebte eine glückliche Kindheit in einem liebevollen Elternhaus. Da Herzog Georg Wilhelm seiner Tochter große Vermögenswerte übertrug, wurde das hübsche Mädchen zu einer begehrten Heiratspartie, für die sich mehrere Fürsten interessierten. Der jüngere Bruder ihres Vaters, Herzog Ernst August, und dessen Gemahlin Sophie beobachteten diese Entwicklung mit Sorge. Sie befürchteten, dass bei einer Verheiratung Sophie Dorotheas mit einem Bewerber aus einem fremden Fürstenhaus die hannoverschen Erbansprüche auf das Fürstentum Lüneburg gefährdet sein würden. Um diese Gefahr zu bannen, bewarb sich der älteste Sohn des Herzogspaars, Georg Ludwig, um die Hand seiner Cousine. Weil er den machtpolitischen Spannungen um das Celler Erbe ein Ende bereiten wollte, befürwortete der Vater zu Sophie Dorotheas Entsetzen diesen Antrag, der ihren romantischen Vorstellungen von einer Liebesheirat widersprach. Im Gegensatz zu ihren Eltern durfte sie keine Neigungsehe eingehen.

Am 2. Dezember 1682 fand die Hochzeit ohne den üblichen höfischen Prunk in Celle statt. Die ersten Ehejahre des jungen Paars verliefen einigermaßen harmonisch. Sophie Dorothea brachte zwei Kinder zur Welt, den späteren britischen König und hannoverschen Kurfürsten Georg II. und die nachmalige preußische Königin Sophie Dorothea. Spätestens nach der Geburt der Tochter 1687 breiteten sich Entfremdung und Gleichgültigkeit zwischen den Ehegatten aus, deren Temperament und Charakter sich stark unterschieden. Georg Ludwig war eine kühle und verschlossene Persönlichkeit, während seine Gemahlin als lebenslustig, impulsiv und lebhaft galt. Kritisch bemerkte Liselotte von der Pfalz über Sophie Dorothea: »*Sich lieb haben, sich gern im Spiegel betrachten und sich bewundern lassen – wo das die Koketterie nicht selber ist, ist es doch gewiss ihre Schwester.*« Ähnlich missbilligend äußerte sich auch Aurora von Königsmarck, die Schwester ihres späteren Geliebten. Sie bezeichnete die Prinzessin als eine »*beauté tyrannique*«, eine tyrannische Schönheit. Seit 1690 bevorzugte Georg Ludwig die Gesellschaft der sanften Hofdame Ehrengard Melusine von der Schulenburg, die seine lebenslange Mätresse wurde. Die in ihrer Ehe unzufriedene Prinzessin, die entgegen den höfischen Gepflogenheiten die Mätresse ihres Mannes als persönlichen Affront empfand, wandte sich daraufhin dem gut aussehenden und charmanten Philipp Christoph Graf Königsmarck zu. Der junge Adelige war 1689 nach Hannover gekommen, wo er als Oberst in der herzoglichen Leibgarde diente. Zunächst trat er nur als ein weiterer Bewunderer der umschwärmten Sophie Dorothea auf, bevor sich 1691 zwischen ihnen eine echte Liebesromanze anbahnte, was auf längere Sicht kaum geheim zu halten war. Ihr leidenschaftliches Verhältnis dokumentiert sich auch in ihrem zum Teil erhalten gebliebenen Briefwechsel. Der rege

Briefaustausch war per se gefährlich. Das vergleichsweise einfache Codesystem, das die Liebenden benutzten, war entgegen ihrer eigenen Annahme leicht aufzulösen. Spätestens ab März 1692 handelte es sich bei dem Verhältnis zwischen der Prinzessin und dem Grafen auch um eine Beziehung sexueller Natur. Beide Partner waren bereit, für ihre Liebe »*ins tiefste Elend zu wandern*«. Gut gemeinte Warnungen schlugen sie in den Wind. Das heimliche Liebespaar wollte dauerhaft zusammenleben. Eine Scheidung der 1692 zur Kurprinzessin aufgestiegenen Sophie Dorothea war nahezu unmöglich. Offenbar plante die Prinzessin deshalb im Sommer 1694 eine gemeinsame Flucht mit Königsmarck und ihrer Hofdame Eleonore von dem Knesebeck. Diese Flucht sollte wohl entweder zu dem mit Hannover verfeindeten Herzog Anton Ulrich von Braunschweig-Wolfenbüttel oder nach Kursachsen gehen, wo der Graf inzwischen eine Offiziersstelle als Generalmajor der Kavallerie erhalten hatte.

Als der Fluchtplan bekannt wurde, verwandelte sich die Liaison zu einer Staatsaffäre. Das junge Kurfürstentum Hannover kämpfte immer noch um seine politische Anerkennung. Zudem war die eventuelle Nachfolge in Großbritannien in größere Nähe gerückt. Die Königsmarck-Affäre wurde daher als ernsthafte Bedrohung gesehen. Unter keinen Umständen durfte die Legitimität von Georg Ludwigs Nachkommen angezweifelt werden. Es durfte aus diesem Grund auch nicht über einen Ehebruch Sophie Dorotheas spekuliert werden. Man entschloss sich zu einem rigorosen Durchgreifen. In der Nacht vom 1. Juli 1694 verschwand Graf Königsmarck spurlos im Leineschloss von Hannover. Offiziell galt er seitdem als verschollen. Ob es sich bei seinem »Verschwinden« eher um einen von langer Hand geplanten Mordanschlag oder um einen tödlich verlaufenden Unglücksfall handelte, der von vier hannoverschen Hofkavalieren zu verantworten war, ist nicht mehr eindeutig zu klären. Sicherlich geschah dies nicht ohne das Wissen von

Kurfürst Ernst August. Inwieweit Kurprinz Georg Ludwig in die Vorgänge involviert war, lässt sich nicht feststellen. Er hielt sich damals gerade am Berliner Hof auf. Das Verschwinden des Grafen blieb nicht unbemerkt und erregte das Interesse anderer Höfe, die zum Teil ihre Agenten darauf ansetzten. Die später gegen das Haus Hannover gerichtete Propaganda in Großbritannien bediente sich nur zu gerne der unerfreulichen Vorfälle rund um die Person des Grafen Königsmarck.

Die Affäre war mit der Beseitigung des Grafen nicht beendet. Da an eine Wiederannäherung des Kurprinzenpaars nicht zu denken war, erörterten die Höfe von Hannover und Celle die Trennung. Im anstehenden Scheidungsprozess ging es darum, die alleinige Schuld am Scheitern der Ehe Sophie Dorothea anzulasten, wobei das Thema Ehebruch tunlichst vermieden werden sollte. Nachdem Versuche, eine Versöhnung des Paars zu erreichen, an der Weigerung der Prinzessin gescheitert waren, wurde die Ehe am 28. Dezember 1694 geschieden. Sophie Dorothea wurde des böswilligen Verlassens ihres Ehemannes schuldig gesprochen. Erst nach der Scheidung wurde ihr bewusst, wie viele Nachteile ihr daraus erwuchsen. Eine erneute Ehe einzugehen, wurde ihr untersagt, während Georg Ludwig dies erlaubt war. Ihre Kinder durfte sie nicht mehr wiedersehen. Aus dem Hause Braunschweig-Lüneburg wurde sie ausgeschlossen. Der Titel einer Kurprinzessin wurde ihr aberkannt. Ihr Name wurde aus den Kirchengebeten und aus allen offiziellen Dokumenten eliminiert. Für den Rest ihres Lebens wurde sie auf dem Wasserschloss Ahlden, das im Regierungsgebiet ihres Vaters lag, gefangengesetzt. Es bürgerte sich daher für sie der Name »Prinzessin von Ahlden« ein.

Sophie Dorotheas Vertraute Eleonore von dem Knesebeck wurde als Mitwisserin auf der Burg Scharzfels im Harz inhaftiert. Im November 1697 gelang ihr die Flucht an den Hof von Herzog Anton Ulrich in Wolfenbüttel. Auf eine finanzielle Unterstützung durch ihre einstige Herrin hoffte sie allerdings vergeblich. Bis zu ihrem Tod leugnete die Knesebeck, dass eine ehebrecherische Beziehung zwischen der Kurprinzessin und dem Grafen Königsmarck bestanden habe.

Die Staatsgefangene Sophie Dorothea genoss in Ahlden ein Leben mit allem Komfort und Luxus, aber nichtsdestotrotz wurde sie bis an ihr Lebensende streng überwacht. Ihre wenigen Kontaktpersonen wie auch ihre Post wurden genau kontrolliert. Die wichtigste Bezugs- und Verbindungsperson zur Außenwelt stellte ihre Mutter dar, die sie besuchen durfte. Ihr Vater lehnte ein Wiedersehen ab. Ihre Gnadengesuche von 1696 und 1698 wurden zurückgewiesen – zu groß war die Sorge, dass sie zum Gegenstand diplomatischer Verwicklungen und politischer Intrigen seitens der zahlreichen Gegner Hannovers werden könnte. Nach dem Tod ihrer Mutter im Februar 1722 vereinsamte Sophie Dorothea, daran änderte auch das große Vermögen, das ihr ihre Eltern hinterlassen hatten, nichts. Ihre Hoffnungen, mithilfe ihrer Tochter, der preußischen Königin Sophie Dorothea, eine Freilassung erreichen zu können, zerschlugen sich, nicht zuletzt wegen ihrer Forderung nach Rehabilitierung. In ihren letzten Lebensjahren bereitete ihr bloß noch das Essen Vergnügen. Seit August 1726 ging es mit ihrer Gesundheit steil bergab. Sie wurde bettlägerig, verlor ihren Lebenswillen und verweigerte jegliche ärztliche Hilfe. Am 13. November 1726 starb Sophie Dorothea. Eine Obduktion ergab, dass sie eine krankhafte Leber und einen Gallenverschluss hatte. In aller Stille wurde sie in der Fürstengruft der Celler Stadtkirche beigesetzt. Ihr Schicksal bewegt bis heute. *»Alles was aus einem Übermaß an Liebe getan wird, muss verzeihlich sein«*, schrieb sie einst an Königsmarck. Die höfische Gesellschaft der Barockzeit verzieh aber Verstöße gegen ihre Regeln nicht.

Mätressen und Favoriten

Seit der zweiten Hälfte des 17. Jahrhunderts spielten an fast allen europäischen Fürstenhöfen Favoritinnen des Fürsten als Mätressen eine große Rolle. Da fürstliche Ehen meistens bloß aus politischen und dynastischen Erwägungen geschlossen wurden, war folglich die Geliebte eine selbstverständliche Erscheinung bei Hofe. Die männlichen Mitglieder der Hocharistokratie konnten auf diese Weise ihr Bedürfnis nach Liebe oder Lust ausleben. Von tatsächlicher historischer bzw. kulturhistorischer Relevanz sind dabei in erster Linie nur jene Damen, die das Herz eines Herrschers oder Thronfolgers erobern konnten. Im Absolutismus war nämlich nach Versailler Vorbild die Position der offiziellen Mätresse des Fürsten sogar zu einem schier unerlässlichen Bestandteil für viele Hofhaltungen geworden. Als mächtigster weiblicher Günstling des Monarchen konnte die Mätresse enormen Einfluss auf Politik, Gesellschaft und Kunst ausüben. Angesichts dieser herausgehobenen Stellung der anerkannten Mätresse innerhalb der hierarchisch durchorganisierten Struktur des Hofes konnte sich ein Fürst allerdings nicht immer sicher sein, ob sich ihm die Geliebte wirklich aus echter Zuneigung zugewandt hatte. Umgekehrt blieb die Mätresse in ihrer viel beneideten Existenz vollständig von der Gunst ihres fürstlichen Liebhabers abhängig, da sie im Allgemeinen jederzeit durch eine neue Favoritin ersetzt werden konnte. Weniger ins offizielle Bild passten dagegen männliche Favoriten eines Fürsten, die es freilich bei entsprechender Neigung auch gab. Es waren jedoch genügend Ämter und Posten bei Hofe vorhanden, mit denen diese versorgt werden konnten.

Die Mätressen der Welfen erreichten nicht jenen großen Bekanntheitsgrad wie jene der französischen Könige, doch auch ihnen kam eine wichtige Rolle zu. Melusine von der Schulenburg etwa, die mit dem späteren britischen König Georg I. bereits während seiner Zeit als Thronfolger in Hannover liiert gewesen war, begleitete ihn 1714 nach England und gewann dort so erheblichen politischen Einfluss, dass der mächtige Politiker Sir Robert Walpole konstatierte, dass sie »*faktisch so gut Königin von England wie je eine*« sei. Melusine, die den Titel einer Herzogin von Kendal erhielt, blieb bis zu Georgs Tod an seiner Seite. Das Paar hatte drei gemeinsame Töchter, die aber nicht offiziell anerkannt wurden.

Die Gemahlinnen der Welfen mussten sich wie viele andere Fürstinnen damit abfinden, dass ihre Ehemänner meist von ehelicher Treue wenig hielten. So bekannte beispielsweise Sophie von der Pfalz in ihren Memoiren über ihren Gatten Ernst August: »*Das heilige Band der Ehe hatte den galanten Sinn des Herrn Herzogs nicht geändert; es langweilte ihn, immer eine und dieselbe Sache zu besitzen, und das zurückgezogene Leben war ihm lästig.*« Zwar hatten die Ehefrauen der Monarchen im Gegensatz zu den Mätressen ihre Position auf Lebenszeit inne, dessen ungeachtet hingen ihr Status wie auch ihr Einfluss innerhalb der höfischen Gesellschaft wie bei den anderen Höflingen ganz vom Wohlwollen des Fürsten ab, um dessen Person im Absolutismus alles kreiste. Als ab Mitte der 1670er-Jahre die spätere Gräfin Clara Elisabeth von Platen als anerkannte Mätresse von Ernst August auftrat, sah sich auch Sophie genötigt, um die Aufmerksamkeit ihres Mannes zu buhlen, auf dass sie nicht zur totalen Bedeutungslosigkeit verdammt wurde. Er entschied letztlich über ihren persönlichen Gestaltungsraum. Sophie beherzigte daher nolens volens die Erkenntnis, »*dass es für ein Verbrechen galt, wenn eine Frau sich über ihren Mann beklagte, und dass man solche Törinnen lächerlich machte*«. Die Platen verstand es, ihre Stellung als offizielle Mätresse bis zum Tod Ernst Augusts 1698 zu wahren. Ihr Gatte, Franz Ernst von Platen, verdankte seinen Aufstieg zum Ersten Minister in Hannover zu einem nicht geringen Teil der Einwirkung seiner Gattin auf ihren fürstlichen Liebhaber. Auch die Gemahlin von Georg II., Königin Caroline, musste, obwohl sie sich von ihrem Ehemann geliebt wusste, mit Mätressen leben. Wirklich beunruhigt fühlte sich die Königin allerdings erst durch das Auftreten der Gräfin Amalia Sophie Marianne von Wallmoden, in der sie eine echte Konkurrentin und Gefahr für ihre politisch höchst einflussreiche Position sah. Georg II. holte die Wallmoden jedoch erst nach dem Tod seiner Gattin 1738 von Hannover nach London, wo sie als offizielle Mätresse des Königs die Repräsentationsaufgaben der verstorbenen Königin Caroline bei Hofe übernahm. Nach ihrer Scheidung 1740 zur Gräfin von Yarmouth erhoben, vermittelte sie geschickt zwischen dem König und seinen Ministern.

Ähnliche persönliche Freiräume zur Verwirklichung ihrer ureigensten Herzensbedürfnisse konnten die weiblichen Mitglieder der Herrscherhäuser, vor allem die Ehefrauen der Fürsten und Thronfolger, dagegen aus Sorge um den legitimen Nachwuchs kaum für sich in Anspruch nehmen. Sie mussten sogar mit schwersten Sanktionen für sich selbst und besonders für ihren Geliebten rechnen, falls sie sich auf außereheliche Verbindungen einließen.

Während sich die Fürsten zur Zeit des Barock und Rokoko ganz selbstverständlich Mätressen und Geliebte in aller Öffentlichkeit gönnen konnten, bewies gerade das Schicksal zweier Frauen aus dem Hause Hannover, mit welch brutaler Härte gegen Frauen des Hochadels vorgegangen wurde, wenn sie durch ein außereheliches Verhältnis das Ansehen der Dynastie zu bedrohen schienen und womöglich die Legitimität des fürstlichen Nachwuchses infrage gestellt werden konnte. Sowohl die lebenslustige Kurprinzessin Sophie Dorothea von Hannover, Gattin des späteren Königs Georg I., als auch die dänische Königin Caroline Mathilde, Schwester König Georgs III., wurden nach der Ehescheidung für immer von ihren Kindern getrennt und lebenslang vom Hof verbannt. Ihre Liebhaber bezahlten die unerlaubte Beziehung mit ihrem Leben. Graf Philipp Christoph von Königsmarck fiel 1694 einem Mordanschlag zum Opfer. Seine Leiche wurde nie gefunden. Der ehrgeizige Hofarzt und reformfreudige Politiker Johann Friedrich Graf von Struensee, dem außer der Affäre mit der Königin Hochverrat unterstellt wurde, endete 1772 nach einem Schauprozess auf dem Schafott. Auf gesellschaftliche Toleranz konnten beide Hocharistokratinnen nicht hoffen. Ihnen wurde eben nicht das gleiche Recht wie den Männern auf das Ausleben persönlicher Gefühle zugestanden. Diese Doppelmoral spiegelt sich trefflich in der missbilligenden Feststellung der Liselotte von der Pfalz, Herzogin von Orléans, als sie nach dem Bekanntwerden der Königsmarck-Affäre vermerkte: »Weiß [sie] nicht, dass der Weiber Ehre darin liegt, mit Niemandem, als ihren Männern zu thun zu haben, und dass es den Männern keine Schande ist, Mätressen zu haben, aber wohl, Hahnrei zu sein? Dass sie es also wenig leiden und die Weiber sich tausend Unglück auf den Hals ziehen, wenn sie Solches unterfangen?«

Als sich in der zweiten Hälfte des 18. Jahrhunderts unter dem Einfluss der Aufklärung die Einstellung zu Ehe und Moral zu ändern begann, wandelte sich auch die gesellschaftliche Akzeptanz der fürstlichen Mätresse. Vor allem das an Macht und Bedeutung gewinnende Bürgertum erwartete von seinem Landesherrn ein mustergültiges Ehe- und Familienleben, das es wenigstens nach außen hin zu präsentieren galt. König Georg III., der im Gegensatz zu seinen Vorgängern auf Mätressen verzichtete und in seiner Gattin Charlotte von Mecklenburg-Strelitz die ihm voll und ganz entsprechende Gefährtin fand, sorgte zwar noch bei Hofe für Kopfschütteln und spöttische Kommentare, doch in der Bevölkerung wurde dieser bürgerlich anmutende Lebensstil bereits sehr positiv aufgenommen. Sein Sohn und Nachfolger Georg IV. löste dagegen Missfallen in weiten Kreisen aus, als er sich an seinem Vater kein Vorbild nahm, sondern durch zahlreiche Mätressen und Affären von sich reden machte. Seine 1785 heimlich geschlossene Ehe mit Maria Anne Fitzherbert, die nicht gewillt war, als Mätresse Georgs zu fungieren, wurde als Skandal empfunden. Eine verwitwete Katholikin war als Gattin für den Thronerben nicht vertretbar, weil das Gesetz nur Protestanten auf dem Thron in Großbritannien duldete. In Hannover kam außerdem bloß eine Prinzessin aus fürstlichem Hause als Gemahlin infrage. Angesichts der Tatsache, dass sich der Prinz ohne die Genehmigung von Georg III. und dem Parlament verehelicht hatte, wurde diese Verbindung von vornherein als ungültig betrachtet. Trotz dieser Heirat brach der Prinz von Wales später endgültig mit Maria Fitzherbert, von der er sich zunächst lediglich getrennt hatte, um aus dynastischen Gründen eine standesgemäße Ehe mit seiner Cousine Caroline von Braunschweig einzugehen. Nachher umgab er sich jedoch mit anderen Mätressen und Favoritinnen. Da eigentlich schon Ende des 18. Jahrhunderts das öffentlich ausgelebte Mätressenwesen weitgehend untragbar geworden war, schadete der lockere Lebenswandel von Georg IV. seinem und dem Ansehen der Monarchie bei seinen Untertanen. Amouröse Affären und außereheliche Beziehungen von Fürsten spielten sich daher im 19. Jahrhundert wohlweislich nicht mehr in der Öffentlichkeit ab.

Georg II. August

* 1683 in Herrenhausen bei
Hannover
† 1760 in London
König von Großbritannien
und Irland, Kurfürst von
Hannover

Bei Georg Augusts Geburt am 10. November 1683 auf Schloss Herrenhausen bei Hannover zeichnete sich noch nicht ab, dass der Neugeborene einst als König auf dem britischen Thron sitzen würde. Er war der einzige Sohn aus der unglücklichen Ehe des Erbprinzenpaars Georg Ludwig und Sophie Dorothea von Braunschweig-Lüneburg, die 1694 geschieden wurde. Nach der Verbannung seiner Mutter wuchs Georg August zusammen mit seiner jüngeren Schwester Sophie Dorothea am großelterlichen Hof in Hannover auf.

Seit 1705 war Georg August mit der gleichaltrigen Wilhelmine Caroline von Brandenburg-Ansbach verheiratet, die als eine der schönsten Prinzessinnen ihrer Zeit galt. Aus der Ehe stammten drei Söhne und fünf Töchter. Caroline blieb für ihn seine große Liebe, was ihn dennoch nicht hinderte, sie immer wieder durch sein wenig verbindliches, schroffes und grobes Verhalten zu kränken und mit zahlreichen Seitensprüngen zu konfrontieren. Die gebildete und ihrem Gatten intellektuell weit überlegene Caroline wusste sich zu arrangieren. Als seine enge Vertraute und Ratgeberin war ihre Stellung zeitlebens unangefochten. Zwar übernahm nach ihrem Tod 1737 seine damalige Mätresse, die Gräfin Amalia Sophie Marianne von Wallmoden, die Rolle der »First Lady«, aber sie besaß keinen vergleichbaren Einfluss wie Caroline. Aus Georgs Verbindung mit der Wallmoden, die nach ihrer Scheidung 1740 den Titel einer Lady Yarmouth erhielt, stammte ein unehelicher, jedoch offiziell von dem König nicht anerkannter Sohn.

Als sein Vater Georg Ludwig, der seit 1698 als Kurfürst von Hannover regierte, 1714 als Georg I. britischer König wurde, begleitete ihn Georg August nach London. Noch im September 1714 wurde der hannoversche Kurprinz zum Prinzen von Wales ernannt und damit formell zum Thronfolger in Großbritannien proklamiert. Im Gegensatz zu seinem Vater sprach Georg August ein sehr flüssiges Englisch, allerdings mit einem starken deutschen Akzent.

Georg Augusts Verhältnis zu seinem Vater war schwierig und konfliktreich. Schuld daran trug sicher sein unausgeglichenes, schroffes Temperament, das sich in heftigen Wutanfällen entlud. Hinzu kam außerdem die generell nicht seltene Rivalität zwischen Throninhaber und Thronfolger. Georg I. räumte seinem Sohn keinerlei politischen Einfluss ein, sondern reduzierte seinen Aufgabenbereich auf zeremonielle und gesellschaftliche Pflichten. Im Dezember 1717 löste die Wahl des Taufpaten für einen Sohn Georg Augusts ein so schweres Zerwürfnis zwischen dem König und seinem Erben aus, dass sich daraus eine Staatsaffäre entwickelte. Nachdem der Prinz von Wales aus dem königlichen Residenzpalast in London verbannt und von allen offiziellen Zeremonien ausgeschlossen worden war, sammelte er zeitweise die politische Opposition um sich. Erst 1720 gelang es dem Minister Sir Robert Walpole mit der Unterstützung der Prinzessin von Wales, eine oberflächliche Versöhnung zwischen Vater und Sohn herbeizuführen.

Der Tod des Vaters am 22. Juni 1727 traf Georg August daher wohl nicht schwer. Er folgte ihm als Georg II. auf den Thron in London und Hannover nach. Bei seiner im Oktober gefeierten Krönung in der Londoner Westminster Abtei, die prächtiger als bei Georg I. ausfiel, wurden die dafür eigens in Auftrag gegebenen vier Krönungshymnen von Georg Friedrich Händel gespielt. Georg II. war zwar als ein großer Musikliebhaber bekannt, doch sonst stand er im Ruf, Kunst, Literatur und Wissenschaften keinerlei Interesse entgegengebracht zu haben. Diesem Urteil über den König widerspricht die Tatsache, dass nach seinem Tod die British Museum Library, die heute ein Bestandteil der British Library ist, seine Kollektion von rund 17 000 Bänden erhielt.

Georg II. widmete seine Aufmerksamkeit besonders der Militär- und Außenpolitik. Während er im Kurfürstentum Hannover als Herrscher über einen größeren politischen Handlungsspielraum verfügte, musste er in Großbritannien die machtpolitischen Beschränkungen hinnehmen, die ihm die Verfassung auferlegte. Hier war er auf den Konsens von Unter- und Oberhaus angewiesen. 1757 wies Georg II. in einem Gespräch mit dem Earl of Waldegrave daraufhin, dass er dies immer respektiert habe: »*Was unsere Verfassung beträfe, so gebe er zu, daß es eine gute sei, und er fordere jedermann heraus, eine einzige Episode zu benennen, in der er die ihm gezogenen Grenzen überschritten habe.*« Es spricht für den König, dass er, mitunter widerstrebend, letztlich aber dann doch dem kompetenten Rat seiner leitenden Minister folgte. Nach Sir Walpole bestimmten daher vor allem Lord John Carteret, die Brüder Pelham und seit 1756 William Pitt d. Ä. die Geschicke Großbritanniens. In Hannover hatte dagegen der äußerst fähige Gerlach Adolf Freiherr von Münchhausen die Zügel in der Hand.

Im Grunde fühlte sich Georg II., der seine prägenden ersten Lebensjahrzehnte in Hannover verbracht hatte, in seinem deutschen Stammland wohler. Während seiner Regierungszeit unternahm er deshalb zum Missfallen der Briten zwölf ausgedehnte Besuche in seine Heimat. Zum Wohl seines Kurfürstentums wurden in Göttingen die Universität sowie die Akademie der Wissenschaften gegründet. Weitere wichtige Einrichtungen, die von Georg II. ins Leben gerufen wurden, waren die Landschaftliche Brandkasse und das Landgestüt in Celle. Solange seine Gemahlin Caroline lebte, setzte er sie für die Zeit seiner Abwesenheit von London als Regentin ein, nicht aber seinen ältesten Sohn.

In den 1730er-Jahren spielte sich im Hause Hannover erneut ein heftiger Vater-Sohn-Konflikt ab. Wie einst zwischen ihm und seinem Vater Georg I. wiederholte sich das unerfreuliche Szenario auch zwischen Georg II. und seinem ältesten Sohn Friedrich Ludwig. In der negativen Beurteilung des Prinzen von Wales war auch Königin Caroline einer Meinung mit ihm. Das Königspaar bevorzugte den jüngeren Sohn Wilhelm August. Zeitweise erwog Georg II. sogar, dem Lieblingssohn den Thron in London zukommen zu lassen, während Friedrich Ludwig mit Hannover abgespeist werden sollte. Der Streit zwischen dem Monarchen und seinem Erbprinzen kreiste u. a. um die Höhe der Apanage für den Sohn. Die Auseinandersetzung eskalierte bei der Geburt von Friedrich Ludwigs erstem Kind 1737, als der Prinz von Wales es zu verhindern wusste, dass seine Gemahlin Augusta von Sachsen-Gotha das Kind in Gegenwart seiner Eltern zur Welt brachte. Georg II. verbannte daraufhin den Prinzen mit seiner Familie vom Hof und drängte ihn politisch völlig an den Rand.

Im Verlauf von Georgs Regierungszeit kristallisierte sich heraus, dass es immer schwieriger wurde, die Interessen von Hannover mit jenen Großbritanniens abzustimmen. Während dies im Österreichischen Erbfolgekrieg, der zwischen den europäischen Mächten von 1740 bis 1748 um die Erbfolge der Habsburgerin Maria Theresia in den österreichischen Erblanden geführt wurde, scheinbar noch möglich schien, klaffte die Interessenlage der beiden Länder im Siebenjährigen Krieg zwischen 1756 und 1763 zum Nachteil Hannovers auseinander. Im Österreichischen Erbfolgekrieg, als Georg II. als Verbündeter Maria Theresias fungierte, vertrat die britische Öffentlichkeit jedoch die Meinung, dass zu sehr die hannoverschen Belange im Vordergrund stünden. In diesem Krieg führte Georg II. als letzter britischer Monarch persönlich seine Truppen ins Gefecht. Am 27. Juni 1743 nahm er an der siegreichen Schlacht bei Dettingen gegen die Franzosen teil. Zu einer Gefahr für die Herrschaft des Hauses Hannover in Großbritannien wurde der von Frankreich unterstützte Jakobitenaufstand, der Anhänger des durch die »Glorreiche Revolution« 1688 entmachteten Hauses Stuart. 1745/46 gelang es dem Stuart-Prätendenten Karl Eduard, die britischen Regierungstruppen in Schottland zu besiegen, bevor er im April 1746 von den Soldaten des Herzogs Wilhelm August von Cumberland, Georgs Lieblingssohn, in der Schlacht bei Culloden vernichtend geschlagen wurde. Mittels einer Politik der verbrannten Erde wurde danach der Aufstand blutig beendet. Nachdem sich 1756 ein Wechsel im traditionellen europäischen Bündnissystem vollzogen hatte, befand sich Georg II. im Siebenjährigen Krieg auf der Seite des Preußenkönigs Friedrich II., seines Neffen, obwohl er als Kurfürst von Hannover eine tiefe Abneigung gegen die Hohenzollern als Konkurrenten um die Vormachtstellung in Norddeutschland hegte.

Noch im Verlauf des Krieges verstarb Georg II. am 25. Oktober 1760 in London an den Folgen eines Schlaganfalls und wurde in der Westminster Abtei beigesetzt. Trotz aller persönlichen Differenzen vermerkte der leitende Minister William Pitt d. Ä.: »*Der verstorbene gute alte König hatte etwas Menschliches an sich, und neben vielen anderen königlichen und männlichen Tugenden besaß er Gerechtigkeit, Wahrhaftigkeit und Geradlinigkeit in hohem Maße.*« Während Georgs Regierungszeit war es in Großbritannien zu einer Stärkung von Parlament und Premierminister gekommen. Auf wirtschaftlichem Gebiet erlebte das Inselreich einen beträchtlichen Aufschwung. Überdies wurde seine koloniale Vormachtstellung begründet. Das Kurfürstentum Hannover, dessen inneren Landesausbau Georg II. gefördert hatte, sah sich hingegen am Ende seiner Herrschaft außenpolitisch zum Nebenland Großbritanniens degradiert und gegenüber Preußen in seiner Bedeutung zurückgefallen. Da Georgs ungeliebter Sohn Friedrich Ludwig schon im März 1751 gestorben war, trat sein 1738 geborener Enkel Georg Wilhelm Friedrich als Georg III. seine Nachfolge an.

Wilhelmine Caroline von Brandenburg-Ansbach

* 1683 in Ansbach
† 1737 in London
Königin von Großbritannien
und Irland, Kurfürstin von
Hannover

Die Ansbacher Prinzessin Wilhelmine Caroline, die mit Georg II., dem zweiten britischen König aus dem Hause Hannover, verheiratet war, zählt zu den bedeutendsten und politisch einflussreichsten Königsgemahlinnen Großbritanniens. Früh verwaist kam die am 1. März 1683 als Tochter von Markgraf Johann Friedrich von Brandenburg-Ansbach und dessen zweiter Ehefrau Eleonore Erdmuthe von Sachsen-Eisenach geborene Prinzessin nach einer recht freudlosen Kindheit als Dreizehnjährige an den Berliner Hof. Der brandenburgische Kurfürst Friedrich III. und spätere preußische König Friedrich I. hatte als Oberhaupt des Gesamthauses Hohenzollern die Vormundschaft über die Prinzessin übernommen. Seine Gemahlin Sophie Charlotte nahm sich liebevoll des jungen Mädchens an und ermöglichte ihm eine umfassende höfische Ausbildung. In Berlin lernte Caroline das Universalgenie Gottfried Wilhelm Leibniz kennen, der ihre hohe Intelligenz erkannte. Da ihr Unterricht früher vernachlässigt worden war, hatte sich die begabte Ansbacherin vieles selbst beigebracht. Ihre Rechtschreibung gestaltete sich dementsprechend eigenwillig. Ihre spätere Briefpartnerin Liselotte von der Pfalz stellte daher fest: »*Sie orthographiert bitter übel, hatt schreiben nur von sich selber gelernt, also gar kein wunder dass sie in diesem Stück schlecht ist. – Sie schreibt gar artig undt genehm wass den Verstand ahnlangt.*«

Nach dem frühen Tod ihrer Gönnerin Sophie Charlotte im Jahr 1705 kehrte Caroline an den Ansbacher Hof zurück, wo inzwischen ihr Bruder Wilhelm Friedrich regierte. Obwohl sie bloß einer Nebenlinie der Hohenzollern entstammte, gab es mehrere hochrangige Bewerber um die Hand der als große Schönheit geltenden Prinzessin. Zu den Heiratskandidaten gehörten König Karl XII. von Schweden, der spätere Kaiser Karl VI. und der preußische Kronprinz Friedrich Wilhelm. Dass es Caroline aus konfessionellen Gründen ablehnte, die Braut des Habsburgers Karl zu werden, weil sie nicht bereit war, zum katholischen Glauben zu konvertieren, verstimmte ihren Vormund in Berlin, der sich von einer familiären Verbindung mit dem Kaiserhof viel versprochen hatte. Stattdessen heiratete die Prinzessin in das welfische Fürstenhaus ein. Die verwitwete Kurfürstin Sophie von Hannover, die Caroline bei einem Besuch in Berlin kennengelernt hatte und sie seitdem als passende Ehepartnerin für ihren Enkel Georg August betrachtete, hatte dies eingefädelt. Auf einer im Sommer 1705 inkognito unternommenen Reise an den ansbachischen Hof hatte sich der hannoversche Kurprinz von Caroline so beeindruckt gezeigt, dass er sie unbedingt heiraten wollte. Da sich bereits seit 1701 deutlich abzeichnete, dass das Haus Hannover den britischen Thron erben würde, stellte Georg August für die Prinzessin eine attraktive Partie dar. Nach der Hochzeit im September 1705 verbrachte Caroline die kommenden neun Jahre am Hof in Hannover, wo die Kurfürstinwitwe Sophie für sie ein wichtiges Vorbild wurde.

Aus der Ehe mit Georg August, für den sie trotz zahlreicher Affären und Mätressen zeitlebens die große Liebe und enge Vertraute blieb, stammten insgesamt acht Kinder. Außer einem tot zur Welt gekommenen Kind wirkten sich noch einige Fehlgeburten belastend auf Caroline aus. Einfach war ihre Ehe mit dem launischen und schwierigen Welfen sicher nicht. Sie stand immer loyal zu Georg August, der es fertigbrachte, ihr seitenlange Liebesbriefe zu schreiben, in denen er sie zugleich ausführlich über seine jeweiligen außerehelichen Abenteuer unterrichtete.

Nachdem ihr Schwiegervater im Jahr 1714 als Georg I. britischer König und ihr Ehemann Prinz von Wales geworden war, folgte ihnen Caroline nach London. Rasch wurde die charmante und kluge Prinzessin, die sich gut auf ihre Aufgaben in der britischen Hauptstadt vorbereitet hatte, als erste Dame des Königshofes zum Mittelpunkt des Hoflebens, da Georg I. über keine Königin an seiner Seite verfügte. Während des schweren Zerwürfnisses zwischen Georg August und dem König zwischen 1717 und 1720 hielt Caroline zu ihrem vom Hof verbannten Gatten. In Leicester House, dem neuen Wohnsitz des Prinzenpaars von Wales, der sich zu einem Treffpunkt für die Opposition entwickelte, knüpfte Caroline wichtige Kontakte. Mithilfe des mächtigen Whig-Politikers Robert Walpole gelang es ihr, eine Aussöhnung zwischen Vater und Sohn zu erreichen.

Als Georg I. im Juni 1727 verstarb, bestieg Carolines Ehemann als Georg II. den Thron in London und Hannover. Das Königspaar wurde wenige Monate später, im Oktober 1727, in der Westminster Abtei gekrönt. Caroline bewerkstelligte es, einen bemerkenswert großen Einfluss auf die britische Politik auszuüben. Als scheinbar gehorsame und unterwürfige Ehefrau wusste sie Georg II. geschickt zu lenken. Sie bewog den König, den von ihm zunächst entlassenen Premierminister seines Vaters, Sir Walpole, mit dem sie befreundet war, wieder zu berufen. Der bedeutende Politiker führte viele seiner späteren Erfolge auf die Vermittlung der Königin zurück. Auch andere führende Politiker versicherten sich gerne ihrer Fürsprache. Während Georgs häufigen monatelangen Abwesenheiten von London leitete sie gemeinsam mit Walpole diplomatisch gewandt die Staatsgeschäfte. Dass Georg II. seine Gemahlin und nicht den Prinzen von Wales zum Regenten bestellte, vertiefte den bereits bestehenden Konflikt zwischen dem Königspaar und seinem ältesten Sohn Friedrich Ludwig. Die Beziehung zu dem Prinzen gestaltete sich wohl auch deshalb so schwierig, weil ihn die Eltern einst, als sie Georg I. nach London begleiteten, in Hannover zurücklassen mussten. Gemäß dem Willen seines Großvaters sollte Friedrich Ludwig das Haus Hannover in den deutschen Stammlanden repräsentieren. Als der Prinz 1728 nach London geholt wurde, hatte sich längst eine Entfremdung eingestellt.

Caroline bemühte sich um eine Reform des britischen Strafrechts. Außerdem kümmerte sich die Königin um die amerikanischen Kolonien und sorgte für Gelder zu deren Ausbau. Die Ernennung von mehreren Bischöfen der anglikanischen Kirche verstand sie in ihrem Sinne zu beeinflussen. Selbst als junge Frau lebensgefährlich an den Pocken erkrankt, befürwortete Caroline die neue Schutzimpfung. Im Gegensatz zu Georg II. war sie vielseitig an Kunst und Wissenschaften interessiert. Sie unterstützte daher die Gründung der Universität Göttingen. Gerne tauschte sie sich mit den Geistesgrößen ihrer Zeit aus. Sie korrespondierte beispielsweise rege mit Leibniz, während der bedeutende Naturwissenschaftler Isaac Newton zu den von ihr geschätzten Gesprächspartnern zählte. Zum Dank für ihre Förderung während seines Aufenthalts in England widmete ihr der berühmte französische Autor und Philosoph Voltaire 1728 seine »Henriade«, sein Epos über König Heinrich IV. von Frankreich. Später nannte er sie voll Bewunderung *»eine entzückende Philosophin auf dem Thron«*. Georg Friedrich Händel komponierte für Caroline, die über eine schöne Stimme verfügte, mehrere Vokalduette. Auch für die englische Gartenbaukunst spielte sie eine wichtige Rolle, da sie für verschiedene Residenzen eine Neugestaltung der Gartenanlagen in Auftrag gab.

Seit der Geburt ihres letzten Kindes im Jahr 1724 litt Caroline immer wieder unter krampfartigen Schmerzen im

Unterleib. Wahrscheinlich handelte es sich dabei um die Folgen eines jahrelang verschleppten Nabelbruchs. Sie verheimlichte ihr Leiden, weil ihr Ehemann Kranke in seinem Umfeld nicht schätzte. Nach einer äußerst schmerzhaften Operation starb sie am 20. November 1737 nach langen Qualen. Ihren auf dem Totenbett geäußerten Wunsch, dass Georg II. nochmals heiraten solle, lehnte dieser mit dem Hinweis auf seine Mätressen ab. Für die Trauerfeier schrieb Händel im Auftrag des Monarchen ein Requiem. Königin Caroline wurde in einer neuen Grabkapelle in der Westminster Abtei beigesetzt. Gemäß den Bestimmungen des Königs wurde er nach seinem Ableben an ihrer Seite bestattet.

Sophie Dorothea von Hannover

* 1687 in Hannover
† 1757 in Berlin
Königin von Preußen

In die Geschichte ging die zweite preußische Königin Sophie Dorothea in erster Linie als Mutter von König Friedrich dem Großen und der Markgräfin Wilhelmine von Bayreuth ein. Sie kam am 27. März 1687 zur Welt und entstammte der wenig glücklichen Ehe des damaligen hannoverschen Erbprinzen Georg Ludwig, des späteren britischen Königs Georg I., mit Sophie Dorothea von Braunschweig-Lüneburg. Die Beziehung ihrer Eltern war zum Zeitpunkt ihrer Geburt bereits weitgehend zerrüttet. Hauptsächlich kümmerte sich deshalb die Großmutter väterlicherseits um die kleine Prinzessin und deren älteren Bruder Georg August. Nach der elterlichen Scheidung wegen der Affäre Königsmarck 1694 sah Sophie Dorothea ihre Mutter nie wieder, da diese lebenslang nach Schloss Ahlden verbannt und zur Unperson für ihre Kinder wurde. Die Erziehung Sophie Dorotheas lag danach wie schon zuvor vorrangig bei Kurfürstin Sophie von Hannover.

Nicht nur ihre Kindheit wurde von der Großmutter geprägt, sondern auch Sophie Dorotheas weiterer Lebensweg als Erwachsene wurde von den Planungen der inzwischen verwitweten Kurfürstin Sophie bestimmt. Sie arrangierte eine ganz dynastischen Interessen verpflichtete Ehe für ihre Enkelin. Um Hannovers Einfluss auf das aufstrebende junge preußische Königreich zu sichern, betrieb Sophie eine Heirat zwischen Sophie Dorothea und dem preußischen Kronprinzen Friedrich Wilhelm, dem einzigen Sohn ihrer früh verstorbenen Tochter Sophie Charlotte. Das Brautpaar kannte sich zwar aus Kindertagen, als Friedrich Wilhelm zeitweise am Hof von Hannover lebte, doch besonders nahe standen sich Cousin und Cousine, der jähzornige Hohenzollernprinz und die als charmant geltende Welfenprinzessin, nicht. Um dem preußischen Hof und vor allem dem prunkfreudigen König Friedrich I. zu imponieren, wurde für Sophie Dorothea die Brautausstattung eigens in Frankreich bestellt. Mit der am 14. November 1706 in Berlin gefeierten Hochzeit wurde eine erneute Familienallianz zwischen den Welfen und den Hohenzollern geschlossen.

»Ich finde hier alles so schön, daß ich glaube, in prächtige Märchenschlösser versetzt zu sein.« Die Begeisterung der Prinzessin über die bei ihrer Vermählung entfaltete Pracht erhielt bereits wenig später einen äußerst empfindlichen Dämpfer und ließ für den weiteren Verlauf ihrer Ehe nicht viel Gutes erwarten. Mit seiner maßlosen Eifersucht sorgte nämlich Kronprinz Friedrich Wilhelm schon kurze Zeit nach der Eheschließung dafür, dass die Beziehung zu seiner jungen Frau stark belastet wurde. Wegen ihres angeblich koketten Fehlverhaltens ließ er Sophie Dorothea kurzerhand ihr herrliches Haar abschneiden. Was dieser brutale Akt für die stolze Welfin bedeutete, kann man sich unschwer vorstellen. Mit seiner Eifersucht setzte Friedrich Wilhelm auch später noch seine Gemahlin immer wieder unter Druck. So schrieb Sophie Dorothea etwa im November 1708 an ihn: *»Ich kann Eurer Königlichen Hoheit versichern, daß ich mir nicht des allergeringsten Vergehens gegen Sie bewußt bin und daß ich, seit ich die Ehre habe, Ihre Gattin zu sein, jedwede Achtung und jedwedes zarte Gefühl für Sie hege, das eine Frau von Anstand für Ihren Gatten zu hegen hat.«* Um zu einem Auskommen mit ihrem schwierigen Ehepartner zu gelangen, wurde es für Sophie Dorothea geradezu zur zweiten Natur, sich in Heuchelei und Verstellung zu flüchten. Im Grunde gab es kaum eine gemeinsame Basis für das völlig wesensverschiedene Paar. An ein angenehmes, luxuriöses Leben gewöhnt,

interessierte sich Sophie Dorothea vor allem für Kunst, Literatur und Mode. Sie beschäftigte sich damit allerdings eher oberflächlich. Dass sie sich als Tochter bzw. Schwester des britischen Königs für etwas Besonderes hielt, brachte ihr in der Hofgesellschaft bald den Spitznamen »Olympia« ein. Höfischer Prunk und Unterhaltung waren ihr Lebenselixier. Im Gegensatz dazu bevorzugte der burschikos derb und despotisch veranlagte Friedrich Wilhelm das Militär, was ihm später den Beinamen »Soldatenkönig« eintrug. Als gesellige Zusammenkunft schätzte er reine Männergesellschaften in Form der rustikalen Tabakskollegien. Der unterschiedliche Interessenshorizont des Paars verdeutlicht sich anschaulich in dem jeweils favorisierten Wohnsitz. Während sich Friedrich Wilhelm gerne lange in seinem Jagdschloss Wusterhausen aufhielt, brachte Sophie Dorothea für das dortige einfache Leben nur Verachtung auf. Ihr Lieblingsreich war das heute nicht mehr existierende Schloss Monbijou im Norden Berlins, das ihr 1711 ihr Schwiegervater Friedrich I. als Sommerrefugium geschenkt hatte. Hier konnte sie einen repräsentativen Musenhof nach ihren Vorstellungen etablieren und sich mit Kunstwerken und Porzellan umgeben, das sie mit Leidenschaft sammelte. Während sonst seit dem Regierungsantritt ihres Gatten als König Friedrich Wilhelm I. im Jahr 1713 eisern gespart wurde, durfte »Fiekchen«, wie sie von ihm liebevoll genannt wurde, dort ihren Neigungen nachgehen und ein standesgemäßes Leben führen. Vor allzu häufigen Besuchen ihres Ehemannes konnte sie in Monbijou sicher sein, denn Friedrich Wilhelm I. fühlte sich in dem eleganten Ambiente unwohl. Zwar verwehrte er seiner Gemahlin normalerweise jegliche Einflussmöglichkeit auf seine Politik, aber in Zeiten seiner Abwesenheit bestimmte er sie immerhin zur Regentin. Trotz der vielfachen Konflikte stammten fünfzehn Kinder aus der königlichen Ehe, von denen zehn das Erwachsenenalter erreichten. Durch die zahlreichen Schwangerschaften und Geburten nahm

Sophie Dorotheas Gestalt früh matronenhafte Züge an. Unerschütterlich hielt ihr Mann ihr die eheliche Treue, was untypisch für die Höfe im sogenannten galanten Zeitalter war. Mätressen vertrugen sich nicht mit Friedrich Wilhelms spartanisch-puritanischer Lebenseinstellung.

Ausgesprochen negativ für den Familienfrieden wirkte es sich aus, dass Sophie Dorothea ihre beiden ältesten Kinder, Wilhelmine und Friedrich, in ihre ehelichen Unstimmigkeiten hineinzog. Sie entfremdete sie so dem Vater und trieb sie in einen quälenden Zwiespalt. Letztendlich erzog die Königin sie damit zu Unaufrichtigkeit und Doppelspiel. Friedrich, der gänzlich anders als sein Vater veranlagt war, unterstützte sie heimlich in seinen musischen Neigungen, konnte ihm jedoch nicht bei der von Friedrich Wilhelm I. befürworteten militärisch-harten Erziehung beistehen. Ab 1723 sorgte Sophie Dorothea durch ihre ehrgeizigen Versuche, die Beziehungen zwischen Preußen und Großbritannien mithilfe ihrer beiden ältesten Kinder enger zu gestalten, für zusätzlichen Zwist. Unbeirrbar verfolgte sie den Plan, Prinzessin Wilhelmine mit dem englischen Thronfolger Friedrich Ludwig und Kronprinz Friedrich mit der englischen Prinzessin Amelia zu verheiraten. Durch diese Doppelhochzeit mit den Kindern ihres Bruders, des späteren britischen Königs Georg II., die eine Fortsetzung der Tradition der welfisch-hohenzollernschen Eheschließungen bedeutet hätte, wollte sie für ihre Kinder und nicht zuletzt auch für sich selbst eine glanzvolle Zukunft bereiten. Ungeachtet der veränderten politischen Lage hing sie weiterhin dem Projekt an, obwohl Friedrich Wilhelm I. dieses inzwischen ablehnte. Der preußische König, der dem Wiener Kaiserhof zuneigte, betrachtete ihre heimlich geführten Verhandlungen mit ausländischen Diplomaten und Intrigenspiele als Verrat. Sie war daher nicht unschuldig an der Kronprinzentragödie, als sich Friedrich im Sommer 1730 der für ihn unerträglich gewordenen Situation am väterlichen Hof durch einen ungeschickten Fluchtversuch entziehen wollte. Seine Mutter war wohl nicht in seine katastrophal gescheiterten Fluchtpläne eingeweiht. Als Wilhelmine auf Wunsch des Vaters im Spätherbst 1731 den Erbprinzen Friedrich von Bayreuth heiratete, um dadurch zur Rehabilitierung des inhaftierten Bruders beizutragen, erntete sie dafür den Hass der Mutter. Nach der Hochzeit von Friedrich mit Prinzessin Elisabeth Christine von Braunschweig-Bevern im Jahr 1733 musste die Königin ihre Pläne endgültig begraben.

Trotz der schweren Differenzen pflegte Sophie Dorothea ihren aufbrausenden Gatten stets fürsorglich während seiner Krankheiten. Vor allem gegen Ende seines Lebens, als ihn heftige Gichtanfälle plagten, legte er großen Wert auf ihre Anwesenheit. In seinen letzten Stunden am 31. Mai 1740 wollte Friedrich Wilhelm I. mit ihr allein sein. Friedrich II. verfügte nach seinem Regierungsantritt, dass seine von ihm verehrte Mutter nicht den üblichen Titel einer Königinwitwe, sondern den einer Königinmutter führen sollte und vor seiner Ehefrau, Königin Elisabeth Christine, als erste Dame am preußischen Hof rangieren sollte. Mit Stolz verfolgte Sophie Dorothea seine Regierung. Ihr Tod am 28. Juni 1757 traf Friedrich schwer. Ihm vermachte sie ihren Witwensitz *»Monbijou nebst allen Meublen, außer dem Porcellain, der Bibliothek, und deren Tableaux«.*

Schlösser und Gärten

Weithin sichtbar konnten Europas Herrscher ihr fürstliches Selbstverständnis vor allem in ihren Schlossbauten samt den dazugehörigen Gärten auf eindrucksvolle Weise entfalten. Dank ihrer zentralen politischen Funktionen kam besonders den Schlössern der Landesherren große Bedeutung zu. Den Höhepunkt in dieser Entwicklung stellt das Barockschloss des 17. und 18. Jahrhunderts dar, das als repräsentatives Gesamtkunstwerk konzipiert war. Von einer wahren Bauleidenschaft befallen, eiferten in dieser Zeit viele Regenten dem Vorbild Ludwigs XIV. von Frankreich nach, der mit seinem Schloss in Versailles geradezu den Prototyp einer steingewordenen absolutistischen Hofhaltung geschaffen hatte. Trotz ihres zunehmenden politischen Machtverlustes gaben die Monarchen teilweise auch noch im 19. Jahrhundert Schlösser in Auftrag oder ließen vorhandene Bauwerke umgestalten.

Die beiden wichtigsten Schlösser der hannoverschen Welfen in ihren deutschen Stammlanden waren das Leineschloss in Hannover und die vor den Toren Hannovers liegende Sommerresidenz Herrenhausen nebst den berühmten Gartenanlagen. Mit der Personalunion zwischen Hannover und Großbritannien ab 1714 verschob sich jedoch für 123 Jahre der Fokus auf die englischen Residenzen.

Das Leineschloss in Hannover wurde ab 1637 auf dem Gelände des ehemaligen Barfüßerklosters als schlichter, schmuckloser Fachwerkbau in ziemlich beengter Lage errichtet. Die Stadt Hannover, die um ihre bisherigen Freiheiten und ihre Unabhängigkeit fürchtete, sträubte sich letztlich umsonst gegen ihre Wahl zur herzoglichen Residenz und zum Regierungssitz des Fürstentums Calenberg. Während der Herrschaft des ehrgeizigen Herzogs bzw. Kurfürsten

Ernst August wurde die Schlossanlage durch verschiedene Baumaßnahmen in ein Residenzschloss umgeformt. Mit dem reich verzierten, den welfischen Herrschaftsanspruch illustrierenden Rittersaal erhielt das Schloss einen eindrucksvollen Festsaal, der als einziger Raum von dem späteren umfangreichen Umbau im 19. Jahrhundert unberührt bleiben sollte. Nach der Annexion Hannovers durch Preußen im Jahr 1866 wurden allerdings die welfischen Ahnenporträts im Rittersaal gegen solche der Hohenzollern ausgetauscht. 1688/89 ließ der große Opernliebhaber Ernst August außerdem ein eigenes Hofopernhaus errichten. Es zählte zu den größten und fortschrittlichsten Häusern dieser Art in seiner Zeit. Mit der Personalunion mit Großbritannien verlor das Leineschloss weitgehend an Wichtigkeit, sodass sich nur noch wenig an dem Gebäudekomplex veränderte, obwohl er Sitz der obersten Landesbehörden blieb. Während der französischen Besatzungszeit zwischen 1803 und 1813 verwahrloste das Schloss. Mit der Neubildung des Königreichs Hannover gewann das Leineschloss wieder an Bedeutung. Es wurde von 1817 bis 1842 von dem Hofbaumeister Georg Ludwig Friedrich Laves, einem namhaften Vertreter des Klassizismus, neugestaltet, da es der königlichen Familie wieder für repräsentative Zwecke zur Verfügung stehen sollte. Wegen der sehr beengten Lage des Schlosses hatte Laves eigentlich für einen Neubau außerhalb der Altstadt plädiert. Die weiteren Umbauprojekte von 1852 wurden zwar nicht mehr realisiert, aber dafür wurde das alte Hofopernhaus 1854/55 abgerissen. Nachdem das Leineschloss bei einem Luftangriff im Juli 1943 zerstört worden war, wurde es auf Beschluss des niedersächsischen Landtags teilweise rekonstruiert und dient ihm seit 1962 als Parlamentsgebäude.

Bedeutsamer als das Leineschloss war bzw. ist die Sommerresidenz Herrenhausen mit ihren Gärten. Ihre Glanzzeit währte von 1680 bis 1760. Unter Herzog Johann Friedrich war im Frühjahr 1674 mit dem Ausbau des dortigen Gutshofes zum Lustschloss begonnen worden. Zwei Jahre später setzten die Arbeiten am Garten ein. Unter Kurfürst Ernst August und seiner Gemahlin Sophie erfolgte die repräsentative Umgestaltung. Zu dem eher bescheiden dimensionierten dreiflügeligen Schloss kam nach dem Erwerb der Kurwürde wegen der dadurch gewachsenen gesellschaftlichen Ansprüche noch ein Orangeriegebäude mit Festsaal, das als zweiter Bezugspunkt der Gesamtanlage fungierte. Entsprechend den Vorstellungen der Barockzeit waren nämlich der Schlossbau und die streng nach geometrischen Formen gegliederte Gartenanlage zu einem Gesamtkunstwerk verknüpft. Die Erweiterung der Fläche des Großen Gartens geht auf Kurfürstin Sophie zurück. Gemeinsam mit dem Gartendirektor Martin Charbonnier widmete sie sich der Ausgestaltung des Gartens nach dem Vorbild der niederländischen Barockgärten. Zu den Attraktionen des Gartens gehörten das Gartentheater mit seinen vergoldeten Figuren und die 1720 fertiggestellte Große Fontäne. Zu dem Großen Garten, dem Herzstück der Herrenhäuser Anlage, kamen überdies der Berggarten sowie später der Georgen- und der Welfengarten hinzu. Der Große Garten, den schon Kurfürstin Sophie 1713 als Hannovers Prunkstück betrachtete, zählt zu den wenigen weitgehend in ihrer Grundstruktur erhaltenen barocken Gartenanlagen Europas und zu den herausragenden Werken der Gartenkunst. Dass das barocke Konzept bewahrt blieb, ist der Tatsache zu verdanken, dass der britische König Georg III. im Gegensatz zu seinen beiden Vorgängern nie seine deutschen Stammlande besuchte. Nachdem der Große Garten seinen Dreh- und Angelpunkt, das zuletzt vom hannoverschen Hofbaumeister Georg Ludwig Friedrich Laves im klassizistischen Stil umgeformte Schloss, im Bombenhagel des Zweiten Weltkrieges für Jahrzehnte verloren hatte, erhielt er ihn 2013 zurück. Das in seiner äußeren Gestalt wiederaufgebaute Schloss wird als Museum und Tagungszentrum genutzt.

In Großbritannien fanden die Welfen bereits eine Reihe von Königsschlösser vor, die sie sich entsprechend ihren jeweiligen Bedürfnissen umbauen bzw. umgestalten ließen. Für einen aufwendigen Schlossneubau im Stil von Versailles bestand kein Bedarf, zumal der Absolutismus in England zu keiner Zeit wirklich Fuß gefasst hatte. Am meisten »Spuren« auf architektonischem Gebiet hinterließ der snobistische Prinzregent und spätere König Georg IV., der nicht nur generell in seiner Epoche als »erster Gentleman Europas« stilbildend wirkte, sondern auch unter allen Welfenherrschern auf dem britischen Thron das größte Interesse an Architektur besaß. Bauen war seine Leidenschaft. Seine diesbezüglichen kostspieligen Aktivitäten trugen ihm bei den Zeitgenossen zwar den empörten Vorwurf der Verschwendungssucht ein, doch gerade die von ihm durchgeführten grundlegenden Erneuerungen prägen bis heute das Erscheinungsbild vom Buckingham Palast und von Schloss Windsor, den beiden berühmtesten königlichen Residenzen Großbritanniens.

Der Buckingham Palast in London ging aus einem eher bescheideneren Stadthaus hervor, das König Georg III. im Jahr 1761 gekauft hatte. Nach den von Sir William Chambers vorgenommenen Umbau- und Modernisierungsmaßnahmen entsprach der Bau immer noch mehr einer Villa denn einem Palast. Er diente Georg III. und seiner Gemahlin Charlotte als private Stadtresidenz. Für offizielle Anlässe nutzten sie wie ihre Vorgänger den St.-James-Palast. Erst die Veränderungen unter Georg IV. machten aus der Anlage einen eindrucksvollen Palast. Der von ihm bevorzugte Architekt John Nash nahm die Neugestaltung im Stil des französischen Klassizismus vor. Die Pariser Tuilerien fungierten als Vorbild. Es entstanden opulente Staatsappartements, die zum Teil mit den wertvollen Möbeln und Kunstwerken ausgestattet wurden, die Georg IV. einst für das inzwischen abgebrochene Carlton House erworben hatte. Nach dem Tod des Königs sah sich Nash wegen des enormen Kostenaufwandes mit einer parlamentarischen Untersuchung konfrontiert. 1831 erhielt der Architekt Edward Blore den Auftrag, den bis dahin unvollendeten Bau preiswerter zu Ende zu führen. Erst mit Königin Viktorias Regierungsantritt 1837 wurde der Palast zur offiziellen königlichen Residenz. Angesichts der rasch anwachsenden Kinderzahl der königlichen Familie ließ Viktoria durch Blore einen vierten Flügel anbauen. Außerdem wurden für Empfangszwecke und höfische Festivitäten größere Säle benötigt.

Schloss Windsor, an einer strategisch günstigen Stelle gelegen, geht bis auf Wilhelm den Eroberer zurück, der hier um 1070 eine Burg errichten ließ. Im Auftrag Georgs IV. führte der Architekt Sir Jeffry Wyatville in den 1820er-Jahren jene Veränderungen an der Schlossanlage durch, die ihr ihr derzeitiges Gesicht und imposantes Aussehen gaben. Windsor wurde mittels Zinnen, Erkern und Türmen zu einer romantischen Burg im gotischen Stil umgestaltet. Die bis heute weitgehend unverändert gebliebene prächtige Innenausstattung des Schlosses verantwortete ebenfalls Wyatville. Auch der streng gegliederte Garten an der Ostseite des Gebäudekomplexes geht auf Georg IV. zurück.

Als extravagantestes Schloss, das die Welfen in Großbritannien zurückließen, darf sicherlich der von außen wie von innen außergewöhnlich anmutende Royal Pavilion in Brighton gelten. In der zweiten Hälfte des 18. Jahrhunderts hatte sich der kleine südenglische Küstenort innerhalb weniger Jahrzehnte in ein elegantes Seebad mit internationalem Flair verwandelt. Dies verdankte er vor allem Georg IV., der hier noch als Prinz von Wales ein Landhaus für sich und seine Geliebte Maria Anne Fitzherbert als Sommerresidenz erworben hatte. Seine Anwesenheit machte aus Brighton einen äußerst beliebten Treffpunkt der mondänen Welt. 1787 ließ Georg sein Landhaus durch Henry Holland in eine Villa im klassizistischen Stil umwandeln. Sein einzigartiges Gepränge verlieh dem Bauwerk jedoch der 1823 fertiggestellte

Umbau von John Nash: Durch Kuppeln, Türme und Mina-
rette erhielt es den exotischen Anstrich eines orientalischen
Palastes. Im Inneren beeindruckt der Pavillon mit einer
aufwendigen Ausstattung im chinesischen Stil. Unter den
Prunkräumen sticht am meisten der Bankettsaal mit seinem
gewaltigen, von einem geflügelten Drachen gehaltenen
Kronleuchter hervor. Königin Viktoria, die für den originel-
len Bau nicht viel übrig hatte und den damaligen Brightoner
»Massentourismus« nicht schätzte, verkaufte den Royal
Pavilion 1850 an die Stadt Brighton. Mit Osborne House auf
der Insel Wight schuf sie sich stattdessen eine ihr genehmere
Ferienresidenz am Meer.

Georg III. Wilhelm Friedrich

* 1738 in London
† 1820 in Windsor
König von Großbritannien
und Irland, König von
Hannover

»Ich gebe nicht vor, irgendwelche herausragenden Fähigkeiten zu haben, aber ich werde nicht nachgeben in meinem Bemühen, die Freiheit, das Glück und den Ruhm meiner Länder und all ihrer Einwohner zu erhalten und meine Pflicht gegenüber Gott und meinem Nächsten in vollem Umfang zu erfüllen.« Georg III. prägte die Geschicke seiner Länder über einen langen Zeitraum, in dem sich tiefgreifende wirtschaftliche und gesellschaftspolitische Änderungen abspielten. Als er am 4. Juni 1738 geboren wurde, war er der erste Monarch aus dem Hause Hannover, der das Licht der Welt in Großbritannien erblickte. Im Gegensatz zu seinen beiden Vorgängern war Englisch seine Muttersprache, wie er sich auch zeitlebens ganz als Brite fühlte.

Seine Eltern waren der britisch-hannoversche Kronprinz Friedrich Ludwig und Prinzessin Augusta von Sachsen-Gotha. Georg wurde zusammen mit seinem Bruder Eduard von Privatlehrern unterrichtet, wobei auf eine systematische wissenschaftliche Bildung geachtet wurde. Der schüchterne Prinz besaß nur eine durchschnittliche Intelligenz und keine große geistige Beweglichkeit, zeigte jedoch überdurchschnittlich viele Interessen. Als sein Vater im März 1751 unerwartet starb, stieg Georg zum Thronfolger auf. Nach dem Tod seines Großvaters, König Georg II., am 25. Oktober 1760 trat er als Georg III. dessen Nachfolge in Großbritannien wie auch im Kurfürstentum Hannover an. Im September 1761 verheiratete er sich mit Charlotte von Mecklenburg-Strelitz, die er erst am Hochzeitstag kennenlernte. Zwei Wochen später wurde das junge Paar in der Westminster Abtei gekrönt. Offenbar lebte Georg mit Charlotte, die viele seiner Vorlieben sowie sein Pflichtethos und seine tiefe Religiosität teilte, in einer glücklichen Ehe, aus der fünfzehn Kinder hervorgingen. Anders als die meisten Männer seines Hauses hatte Georg III. nie eine Mätresse, sondern bevorzugte ein bürgerlich anmutendes Familienleben. Dies wussten seine Untertanen ebenso zu schätzen wie sein haushälterisches Wesen. Empört über den Lebenswandel seiner Brüder setzte der König 1772 den »Royal Marriages Act« durch, der jede Heirat eines Mitglieds des Königshauses für ungültig erklärte, die es vor Vollendung des 25. Lebensjahres ohne Zustimmung des Monarchen einging. Seine Kinder liebte Georg, erwartete aber von ihnen, dass sie ein frommes und rechtschaffenes Leben führten. Sein Hang zum Puritanismus wurde zu seiner Enttäuschung von seinen Söhnen später nicht geteilt. Seine bescheidene Lebensweise und seine Begeisterung für das Landleben trugen dem König den Spitznamen »Farmer George« ein.

Zu Beginn seiner Herrschaft war Georg III. bestrebt, viele der von seinen Vorgängern an das Parlament abgetretenen Machtbefugnisse zurückzuerhalten und das Eigengewicht der Krone zu stärken. Ein Alleinherrscher wollte er allerdings keinesfalls werden. Seine Bemühungen, sich in die Politik einzuschalten, taten seiner Beliebtheit zeitweise Abbruch. Weil er Minister aus den Reihen der königstreuen Tories bevorzugte, die er zu fördern versuchte, bezeichneten ihn die Whigs als Autokraten.

Da Georg III. die Protektion der Künste als nationale Aufgabe betrachtete, unterstützte er mit großen Beträgen aus seinem Privatvermögen die Königliche Kunstakademie in London, an deren Gründung er 1768 maßgeblich beteiligt war. Er schätzte besonders die Historien- und Porträtmalerei.

In erster Linie war er freilich ein passionierter Sammler von Büchern. Seine Bibliothek stand auch Gelehrten offen, bildete später den Grundstock für eine neue Nationalbibliothek und ist heute Teil der British Library. Er sammelte überdies mathematische und wissenschaftliche Instrumente. Weil ihn Astronomie faszinierte, förderte er den bedeutenden Astronomen Friedrich Wilhelm Herschel. Mit dem Erwerb von Buckingham House 1762, das Georg als persönliches Refugium ausbauen ließ, kam es zum ersten Mal in der Geschichte der britischen Monarchie zu einer Trennung zwischen dem offiziellen Amtssitz des Königs, als der weiterhin der St.-James-Palast diente, und dem privaten Wohnsitz.

Seit dem Ende des Siebenjährigen Krieges, der Großbritannien die nordamerikanischen Festlandsbesitzungen Frankreichs eingebracht hatte, verschlechterte sich das Verhältnis zwischen dem britischen Mutterland und den dortigen Kolonisten. Die Regierung drang auf eine Beteiligung der Siedler an den Kosten der Militäreinsätze zum Schutz der Kolonien und ordnete 1763 eine Einschränkung des Expansionsdrangs westlich der Appalachen an. Die Siedler machten die Zahlung neuer Steuern von der Gewährung politischer Mitbestimmung im Londoner Parlament abhängig. Die Einführung weiterer Abgaben und Vorschriften sowie die Heraufsetzung der Truppenpräsenz verstärkten die antibritische Haltung. Der wachsende Unmut führte im Dezember 1773 dazu, dass im Hafen von Boston drei Ladungen Tee aus Protest ins Wasser geworfen wurden. Diese »Boston Tea Party« beantwortete Großbritannien mit dem Erlass strenger Gesetze. Nachdem im April 1775 der bewaffnete Konflikt ausgebrochen war, erklärten die Kolonien am 4. Juli 1776 ihre Unabhängigkeit. Georg III. machte diesen Krieg zu seiner Sache. Es galt seiner Ansicht nach, eine Rebellion niederzuwerfen und die britische Großmachtstellung zu bewahren. Als sich die Vereinigten Staaten von Amerika mit Frankreich und Spanien verbündeten, wendete sich das Kriegsglück für

Großbritannien. Mit dem Friedensschluss von 1783 mussten die Briten die amerikanische Unabhängigkeit anerkennen, Florida an Spanien und Tobago an Frankreich abtreten. Georg empfand den Verlust der nordamerikanischen Kolonien als schwere Niederlage. Dieser Rückschlag bedeutete auch eine Schwächung der Krone. Das britische Empire änderte nun sein Gesicht; denn es gelang stattdessen, das Kolonialreich in Indien aufzubauen und Australien und Neuseeland zu kolonisieren.

Mit der Ernennung des fähigen Politikers William Pitt d. J. zum Premierminister Ende 1783 endeten Georgs Bemühungen, ein stärkeres persönliches Regiment zu führen. Nachdem es Pitt 1800 gelungen war, den seit 1798 anhaltenden Aufstand in Irland zu unterdrücken, wurden das Königreich Großbritannien und das Königreich Irland am 1. Januar 1801 zum Vereinigten Königreich von Großbritannien und Irland verbunden. Pitts Plan, diese Entwicklung mit einer staatsbürgerlichen Gleichstellung der Katholiken zu festigen, stieß auf Georgs Ablehnung. Der Monarch sah dies als nicht vereinbar mit seinem Krönungseid an. Daraufhin trat Pitt zurück, um 1804 von Georg III. angesichts der drohenden Invasion Napoleons wieder zum Premierminister berufen zu werden.

Eine tiefe Zäsur im Leben des Königs markierte der Ausbruch einer Geisteskrankheit bei ihm, die nach heutiger Ansicht wohl durch eine erbliche Stoffwechselstörung, Porphyrie, ausgelöst wurde. Im Herbst und Winter 1788/89 durchlitt Georg einen schweren Krankheitsschub mit Wahnanfällen. Die damalige Medizin konnte nicht viel dagegen ausrichten. Während das britische Unterhaus im Februar 1789 das Gesetz zur Regelung der Regentschaft bereits angenommen hatte, stand die Verabschiedung durch das Oberhaus noch aus, als sich der König wieder erholte und erneut die Regierungsgeschäfte übernahm. Die Französische Revolution, vor allem der Sturz des Königtums 1792 und die sogenannte Schreckensherrschaft, hatte in Großbritannien für eine spürbare Verunsicherung gesorgt. Georg III. erschien seinen Untertanen daher geradezu als Garant der bestehenden Ordnung. Sein ausgeprägter Sinn für Zeremonien und sein gekonntes Auftreten als Vater- und Integrationsfigur steigerten seine Beliebtheit. 1793 begann das langjährige militärische Engagement Großbritanniens gegen Frankreich, das ihm am Ende der Napoleonischen Kriege die Vorherrschaft zur See sicherte.

Sorgfältig trennte Georg III. die politischen Angelegenheiten Großbritanniens von jenen Hannovers. Wie unter seinen Vorgängern wurden die Regierungsgeschäfte über die Deutsche Kanzlei geführt, aber im Gegensatz zu diesen besuchte er nie das Stammland seines Hauses. Um die Präsenz seiner Dynastie im Kurfürstentum aufrechtzuerhalten, schickte Georg alle seine Söhne mit Ausnahme des Prinzen von Wales für eine befristete Zeit dorthin, um Kenntnisse in Armee und Verwaltung zu erwerben oder um in Göttingen zu studieren. Seine Abwesenheit förderte eine konservative Politik, die ganz auf die Interessen des Adels ausgerichtet war. Eine positive Entwicklung nahm die Landwirtschaft, um deren Verbesserung sich Georg stets bemühte. 1778 wurde auf seine Weisung hin die »Roß-Arzney-Schule« in Hannover gegründet, bei der es sich um die erste deutsche und eine der frühesten tierärztlichen Einrichtungen in Europa überhaupt handelte.

Seit 1801 litt der König an vorübergehenden gesundheitlichen Rückfällen. Unglücklich schrieb er 1801: »*Ich betete die ganze Nacht zu Gott, mich sterben zu lassen oder meinen Verstand zu bewahren.*« Im Oktober 1810 feierte Georg III. sein 50-jähriges Krönungsjubiläum, bei dem sich erneut seine große Popularität zeigte. Wenige Tage später brach die Krankheit wieder aus, von der er sich nicht wieder erholte, da sie in eine permanente Altersverwirrung überging. Im Februar 1811 übernahm sein ältester Sohn Georg die Regentschaft.

Bis zu seinem Tod am 29. Januar 1820 lebte Georg III. abgeschieden auf Schloss Windsor. Er erblindete, wurde taub und litt an gelegentlichen unkontrollierten Gewaltausbrüchen. Anwesende Personen erkannte er nicht mehr, sondern sprach stattdessen mit Abwesenden und Toten und spielte stundenlang auf der Harfe. Weder seine Erhebung zum König von Hannover 1814 noch der Tod seiner Gemahlin 1818 drangen mehr in sein Bewusstsein vor.

Caroline Mathilde von Großbritannien und Irland

* 1751 in London
† 1775 in Celle
Königin von Dänemark und
Norwegen

Die tragische Liebesgeschichte zwischen Königin Caroline Mathilde und dem Arzt und Reformer Johann Friedrich Struensee löste Anfang der 1770er-Jahre nicht nur eine schwere Staatskrise im Königreich Dänemark aus, sondern beflügelte auch europaweit die Sensationsgier. Die Affäre bot sämtliche Ingredienzen eines saftigen höfischen Skandals: einen geisteskranken und zu Exzessen neigenden König, eine unglückliche junge Königin, einen fortschrittlich eingestellten bürgerlichen Leibarzt sowie eine intrigante Königinwitwe als böse Stief- und Schwiegermutter – kein Wunder, dass sie bis heute Stoff für literarische und filmische Umsetzungen liefert.

Als Caroline Mathilde am 22. Juli 1751 auf die Welt kam, lebte ihr Vater Friedrich Ludwig, Prinz von Wales, bereits nicht mehr. Ihre Mutter Augusta von Sachsen-Gotha erzog ihre neun Kinder nach streng religiösen Grundsätzen und ohne großen Luxus fern ab vom Hofleben. Das Hauptgewicht der Ausbildung der Prinzessin lag auf Sprachen und Musik.

Schon im Alter von dreizehneinhalb Jahren wurde Caroline Mathilde aus politischen Erwägungen von ihrem Bruder, König Georg III. von Großbritannien und Irland, mit ihrem Cousin, dem dänischen Kronprinzen, verlobt. Christian war der Sohn von König Friedrich V. von Dänemark und

Norwegen und dessen früh verstorbener erster Gemahlin Luise von Großbritannien. Der schüchterne, sensible und zu epileptischen Anfällen neigende Prinz hatte eine freudlose Kindheit unter der Fuchtel eines sadistischen Erziehers verbracht und fand weder bei seinem Vater noch bei seiner Stiefmutter Juliane Marie von Braunschweig-Wolfenbüttel elterliche Liebe. Die zweite Gemahlin seines Vaters bevorzugte ihren eigenen Sohn Friedrich. Als König Friedrich V. im Januar 1766 starb, folgte ihm sein siebzehn Jahre alter Sohn als Christian VII. auf den Thron. Bei dem jungen Monarchen zeigten sich bereits erste Schübe einer Geisteskrankheit, die sich in den folgenden Jahren verschlimmern sollte. Auf seine königlichen Aufgaben war Christian nicht vorbereitet, interessierte sich aber auch nicht für das Regieren. Seine Verlobte erfuhr von den bedenklichen Eigenschaften ihres Bräutigams nichts. Caroline Mathilde reagierte trotzdem erschreckt auf die Aussicht, ihre Heimat verlassen zu müssen: *»Ich möchte viel lieber hierbleiben, als so weit fort von daheim einen Prinzen zu heiraten, den ich noch nie gesehen habe.«*

Vielleicht in der Hoffnung, dass sich die Ehe positiv auf den unsteten König auswirken würde, drängte die dänische Seite bald nach Christians Thronbesteigung auf die Heirat. Am 1. Oktober 1766 fand daher in London die Eheschließung »per procurationem« statt, bevor am 8. November die eigentliche Trauungszeremonie in Kopenhagen erfolgte. Für den Verlust ihrer Familie und vertrauten Umgebung fand Caroline Mathilde, die niemanden aus England mitbringen durfte, bei ihrem Ehemann keinen Ersatz, da er wenig Notiz von ihr nahm. Während sich die dänische Hofgesellschaft *»über ihre Sanftheit und die Lebhaftigkeit ihres Geistes«* angetan zeigte, amüsierte sich der König lieber auf Sauftouren, frönte sexuellen Eskapaden oder vertrieb sich die Zeit mit seiner damaligen Geliebten Anna Cathrine Benthagen, einer früheren Prostituierten. Zur einzigen Vertrauten der einsamen Königin wurde ihre Haushofmeisterin Louise von Plessen.

Trotz ihrer eher unglücklichen Ehe gebar Caroline Mathilde am 28. Januar 1768 einen Sohn, den Kronprinzen Friedrich. Christian VII. interessierte sich kaum für seinen Sprössling. Gleichgültig gegenüber den Gefühlen seiner Frau entließ er erst deren Oberhofmeisterin von Plessen, dann untersagte er Caroline Mathilde die Teilnahme an seiner im Mai gestarteten achtmonatigen Reise durch Europa.

Als der König im Januar 1769 nach Kopenhagen zurückkehrte, brachte er Johann Friedrich Struensee als neuen Leibarzt mit. Christian VII. hatte ihn zu Reisebeginn kennengelernt und als Reisearzt verpflichtet. Struensee, der 1737 in Halle geborene Sohn eines pietistischen Pastors und späteren Superintendenten des Herzogtums Holstein, war als Stadtphysikus und Armenarzt in Altona und Pinneberg tätig gewesen. Offenbar verstand er es, mit Christians instabiler Persönlichkeit umzugehen und dessen Vertrauen zu gewinnen. Die Königin nahm zunächst nicht viel Notiz von dem gut aussehenden Neuankömmling, was sich aber bald änderte, da Struensee das Talent besaß, verständnisvoll auf sie und ihre wenig glückliche Position bei Hof einzugehen. Seine immer häufigeren und längeren Besuche sorgten binnen Kurzem für Gerede, doch die Königin schlug alle Warnungen in den Wind und machte aus ihrer im Frühjahr 1770 beginnenden Liebesbeziehung kaum noch ein Geheimnis. Ob der aufklärerischen Ideen huldigende Leibarzt ähnlich tiefe Gefühle für sie hegte wie Caroline Mathilde für ihn, darf bezweifelt werden. Sicherlich leiteten ihn auch taktische Überlegungen, wie er die Königin für seine Pläne einsetzen konnte. Die am 7. Juli 1771 von Caroline Mathilde zur Welt gebrachte Tochter Luise Augusta wurde von vielen als ein Kind Struensees betrachtet. Zahlreiche dänische Geistliche hatten daher bereits während der Schwangerschaft der Königin die vorgeschriebenen Fürbitten verweigert.

Seit dem Frühsommer nahm Struensees politischer Einfluss zu. Er entwickelte sich zum mächtigsten Mann im dänischen Staat. Nach seinem Sturz behauptete er, die Königin sei die treibende Kraft dahinter gewesen. Im Dezember 1770 stieg er zum eigentlichen Regenten des Landes auf und erließ im Namen des Königs eine Vielzahl von Kabinettsordern, die Staat und Gesellschaft von Grund auf reformieren sollten. In Adel und Bürgertum bestand zwar Verständnis für Reformen, aber mit seinem rücksichtslosen, überstürzten Vorgehen rief Struensee fast überall nur Ablehnung hervor. Ohne Kenntnis der dänischen Verhältnisse und Sprache manövrierte er sich als deutscher Emporkömmling ins Abseits. Seine freie Lebensweise erregte zusätzlich Widerwillen. Mit seiner Ernennung zum Geheimen Kabinettsminister im Juli 1771 besaß Struensee die Vollmacht, Kabinettsordern anstelle des Königs zu unterschreiben. Die Erhebung in den Grafenstand bildete den letzten Höhepunkt in seiner Karriere. Struensees Unpopularität schlug sich in Schmähschriften und Flugblättern gegen ihn und die Königin nieder.

Dank gezielt gestreuter Gerüchte, dass die Königin mit ihrem Geliebten plane, den König aus dem Weg zu räumen, um selber die Macht übernehmen und heiraten zu können, kam es zur Palastrevolution in Kopenhagen. Die Opposition sammelte sich um die Königinwitwe Juliane Marie und ihren Sohn Friedrich. In der Nacht vom 16. auf den 17. Januar 1772 schlugen die Verschwörer zu. Kurz nach Mitternacht wurden Christian VII. vorbereitete Haftbefehle zur Unterzeichnung vorgelegt. Außer Struensee und seinen engsten Mitarbeitern wurde auch Caroline Mathilde im Schlaf überrascht und verhaftet. Ihr Scheidungsprozess endete am 6. April mit der Aufhebung der Ehe. Zur Enttäuschung von Juliane Marie, die ihren eigenen Sohn als Thronfolger sehen wollte, wurden Caroline Mathildes Kinder jedoch nicht für illegitim erklärt. Während sich die einstige Königin heftige Vorwürfe machte, dass sie das Unglück Struensees verschuldet habe, zeigte sich dieser nach den Worten seines Verteidigers Dr. Peter Uldall, der gleichzeitig auch als Caroline Mathildes

Rechtsbeistand fungierte, an ihrem Schicksal wenig interessiert und versuchte sich zu entlasten, indem er sie belastete: *»In ihr sah ich schmerzliche Liebe, in ihm gesättigte Wollust.«* Der gegen Struensee angestrengte Schauprozess mündete in ein Todesurteil, das am 28. April 1772 vollstreckt wurde. Der Großteil seiner Reformen wurde rückgängig gemacht.

König Georg III., der sich bisher kaum zugunsten seiner Schwester eingeschaltet hatte, verhinderte, dass sie bis an ihr Lebensende in der Festung Aalborg festgesetzt wurde. Er bestimmte, dass Caroline Mathilde in das Kurfürstentum Hannover übersiedeln sollte, wo er ihr das Schloss Celle als Wohnsitz zuwies. Ihre Kinder musste sie in Dänemark zurücklassen. Im Oktober 1772 hielt sie ihren Einzug in Celle. Die Bevölkerung setzte große Hoffnungen auf die neue Schlossherrin, von der sie sich höfischen Glanz und dadurch eine Hebung der wirtschaftlichen Lage versprach. Caroline Mathilde füllte ihre Zeit mit Lesen, dem Verfassen von Briefen und Musizieren. Oft besuchte sie in Begleitung einer Hofdame die Stadt und unterhielt sich mit den Bürgern, die sich mit ihren Anliegen an sie wenden konnten. Caroline Mathilde versuchte sich auf ihr neues Leben einzustellen: *»Ich tue alles, um fröhlich zu sein, und glaube, die meisten damit zu beeindrucken, die mich nicht genau kennen.«* Da sie unter der Trennung von ihren Kindern litt, adoptierte sie als »Ersatz« eine vierjährige Waise. Offensichtlich spielte sie mit Rückkehrplänen nach Dänemark, aus denen aber nichts wurde, weil sie am 10. Mai 1775 am »Fleckfieber« verstarb.

Soldatenhandel

Mit dem Aufkommen von stehenden Heeren im 17. Jahrhundert, die sich zu wichtigen Machtinstrumenten der europäischen Herrscher entwickelten, entstand auch die Praxis, dass Staaten bei Bedarf zusätzliche Truppen zur Verstärkung der eigenen Regimenter bei befreundeten Regierungen anmieteten bzw. ihre gut ausgebildeten und ausgerüsteten militärischen Kontingente an andere Staaten vermieteten. Geregelt wurde dieser »Soldatenhandel« mittels Subsidienverträgen. Derartige vertragliche Abkommen etablierten sich in der zweiten Hälfte des 17. Jahrhunderts und blieben bis zum Ende des 18. Jahrhunderts eine allgemein akzeptierte Praxis. Das Haus Hannover sah sich in dieser Zeit sowohl in der Rolle des Anbieters als auch des Nachfragers von Fremdtruppen.

Bis zum Erwerb der englischen Krone im Jahr 1714 gehörten die in Hannover regierenden Herzöge bzw. Kurfürsten wie viele der kleinen und mittleren Reichsstände im Heiligen Römischen Reich Deutscher Nation nach dem Ende des Dreißigjährigen Krieges zu den Truppenlieferanten der europäischen Großmächte. Die hohen Kosten, die mit dem Unterhalt eines dauerhaft im Dienst befindlichen Heeres verbunden waren, legten es nahe, Truppenteile, wenn man sie selbst nicht militärisch einsetzte, anderen kriegführenden Parteien gegen Zahlung entsprechender Gelder zu überlassen und dadurch die eigenen Staatsfinanzen zu entlasten. Auf diese Weise konnte überdies meist ein finanzieller Gewinn erzielt werden.

Zur Erlangung der Kurwürde für sein Haus, seinem vornehmsten politischen Ziel, wusste der ebenso ehrgeizige wie tatkräftige hannoversche Herzog Ernst August auch sein starkes Heer zu nutzen. Mit dem Abschluss des

»Kurtraktats« im März bzw. April 1692, der seine Verhandlungen mit Kaiser Leopold I. über die angestrebte Kurwürde erfolgreich beendete, verpflichtete sich der Welfe, zwei Jahre lang 6000 Mann für den Krieg gegen die Türken in Ungarn zu stellen sowie kontinuierlich 2000 Soldaten für die westlichen Kriegsschauplätze zur Verfügung zu halten. Ernst August suchte zudem den Anschluss an die Seemächte, um die hannoversche Kurwürde durchzusetzen. Mit dem im Juni 1692 geschlossenen Vertrag von Mellet begann die Jahrzehnte während Periode der Finanzierung der hannoverschen Regimenter durch holländische und englische Subsidien. Seit dem Regierungsantritt Georgs I. in Großbritannien wurde das Inselreich konsequenterweise zum wichtigsten Geldgeber für Hannover.

Ausländische Hilfstruppen einzusetzen, hatte in Großbritannien Tradition. Seit 1688 beruhte die englische Militärpolitik vor allem auf Subsidien. Hauptsächlich stützte man sich dabei auf militärische Kontingente aus deutschen Staaten. Diese Politik setzten die Welfen, auch dank ihrer engen familiären Verbindungen zu vielen deutschen Fürstenhäusern, nachdrücklich fort. Den Höhepunkt des Soldatenhandels bildete der Amerikanische Unabhängigkeitskrieg in der zweiten Hälfte des 18. Jahrhunderts, der zugleich zu einem Wendepunkt wurde.

Ursprünglich hatte die Regierung in London versucht, für den 1775 begonnenen Kampf gegen die nach Unabhängigkeit vom britischen Mutterland strebenden nordamerikanischen Kolonien ein russisches Kontingent von 20 000 Mann anzumieten, statt sich mit der Verwaltung von mehreren kleinen fremden Kontingenten zu belasten. Die Verhandlungen mit Zarin Katharina II. verliefen jedoch ergebnislos. Zur Entlastung der eigenen Armee wurden daher zunächst hannoversche Truppen in Gibraltar und auf Menorca als Ersatz für jene britischen Einheiten stationiert, die nach Amerika gingen. Zur dringend nötigen Aufstockung der

militärischen Kräfte in Nordamerika begann die britische
Regierung außerdem, Verhandlungen mit deutschen Fürsten über Subsidienverträge aufzunehmen. Im Herzogtum
Braunschweig stand Erbprinz Karl Wilhelm Ferdinand,
der seit 1773 als Mitregent fungierte, der Überlassung
von braunschweigischen Soldaten wegen der Finanzkrise
des Landes positiv gegenüber. Der Erbprinz hatte dies in
einem Schreiben an seinen Schwager, den britischen König
Georg III., deutlich zum Ausdruck gebracht. Trotz der Bedenken des Herzogpaars Karl I. und Philippine Charlotte
konnte im Dezember 1775 ein entsprechender Vertrag
über die Stellung von knapp 4000 Infanteristen und 300
Dragonern geschlossen werden. Georg III. ratifizierte den
Subsidienvertrag im Februar 1776. Das größte Kontingent
unter den deutschen Truppen für die britische Krone lie-
ferte allerdings die Landgrafschaft Hessen-Kassel, deren
Fürsten traditionell den Landeshaushalt seit der zweiten
Hälfte des 17. Jahrhunderts zu einem erheblichen Teil aus
solchen Unternehmungen finanzierten. Gemäß dem im
Januar 1776 geschlossenen Subsidienvertrag wurden bis
1783 etwa 19 000 Soldaten nach Übersee verschifft. Landgraf
Friedrich II., ein Onkel König Georgs III., wurde dadurch zu
einem der reichsten deutschen Landesherren seiner Zeit und
hinterließ bei seinem Tod einen wohlgefüllten Staatsschatz.
Sein Gesandter Martin Ernst von Schlieffen bezeichnete den
von ihm ausgehandelten Vertrag daher mit Stolz als den
vorteilhaftesten Vertrag in der Geschichte Hessen-Kassels.
Laut Vertrag sollten die hessischen Truppen, die denselben
Sold wie die Engländer bekamen und unter einem hessischen Generalkommando standen, bevorzugt behandelt
und nicht sinnlosen Gefahren ausgesetzt werden. Durch das
1762 in Hessen-Kassel eingeführte Kantonsystem mit seiner
Dienstpflicht gehörten auch wehrpflichtige Untertanen des
Landgrafen zu den nach Amerika verschickten Soldaten,
woran sich die Kritik vom Verkauf von »Landeskindern«

entzündete. Gerade unter den ersten hessischen Soldaten, die nach Amerika aufbrachen, waren jedoch zahlreiche Freiwillige, die für einen besseren Sold gegen die rebellierenden amerikanischen Kolonisten kämpfen wollten. Die Offiziere versprachen sich durch den Kriegseinsatz dagegen ein schnelleres Avancement. Großbritannien schloss noch weitere Subsidienverträge mit der Grafschaft Hessen-Hanau, mit den Markgraftümern Ansbach-Bayreuth, dem Fürstentum Waldeck-Pyrmont und dem Fürstentum Anhalt-Zerbst. Im Verlauf des mehrjährigen Krieges in Nordamerika wurden freilich nicht nur von der britischen Krone Söldner eingesetzt, sondern auch auf der gegnerischen Seite. Im Expeditionskorps von Frankreich befanden sich nämlich ebenfalls angemietete Soldaten deutscher Provenienz.

Durch das Eingreifen von Frankreich und Spanien 1778 bzw. 1779 zugunsten der Amerikaner änderte sich der weitere Kriegsverlauf zuungunsten von Großbritannien. Erst nach dem Friedensschluss von Paris 1783 kehrten die angeworbenen Bataillone in ihre Heimatländer zurück. Der Anteil der Rückkehrer unter den überlebenden deutschen Soldaten war dabei verhältnismäßig hoch.

In Verbindung mit dem Amerikanischen Unabhängigkeitskrieg wurden erstmals die fürstliche Subsidienpolitik und der sogenannte Soldatenhandel einer breiten Kritik unterzogen. Der Freiheitskampf der Amerikaner stieß in Europa auf ein überaus positives Echo. Mit den Ideen der Aufklärung ließen sich Menschenhandel, Zwangsrekrutierungen und der Verkauf von »Landeskindern« nicht mehr vereinbaren. Obwohl die Vermietung von Truppen keineswegs nur von fürstlichen Landesherren betrieben wurde, wurde diese Praxis nun in der zeitgenössischen Publizistik oft mit »Tyrannenwillkür« verquickt und die deutschen Herrscher dafür verurteilt, dass sie ihre Untertanen wie Schlachtvieh verkaufen würden.

Georg IV. August Friedrich

* 1762 in London
† 1830 in Windsor
König von Großbritannien
und Irland, König von
Hannover

Von allen hannoverschen Königen auf dem britischen
Thron zog Georg IV. die meiste Kritik auf sich. Auf po-
litischem Gebiet wenig bedeutend, boten hauptsächlich
sein extravagant-verschwenderischer Lebensstil sowie
seine Liebesaffären Stoff für Presse und Karikaturisten.
Der dandyhafte Müßiggänger, der sich selbst in der Rolle
des »ersten Gentlemans Europas« sah, war aber nicht nur
ein Trendsetter, was Fragen des mondänen Lebens betraf,
sondern machte sich auch um die Förderung der Bildenden
Künste verdient. Aus diesem Grund wurde seine Regentschaft zum Namensgeber der Kunstepoche »Regency«. Der
Royal Pavilion in Brighton dürfte seine persönlichste Hin-
terlassenschaft sein. Dieses orientalische Fantasieschloss
zählt zu Südenglands Touristenattraktionen. Die beiden
Hauptresidenzen des englischen Königshauses, der
Buckingham Palast und Schloss Windsor, sind in ihrem heu-
tigen Aussehen weitgehend seine Schöpfungen. Georg IV.
sammelte nicht nur Gemälde alter Meister, sondern ließ
auch zahlreichen zeitgenössischen Malern Großbritanniens
Aufträge zukommen. Sein letzter Premierminister Arthur
Wellesley, Herzog von Wellington, beschrieb ihn als »*eine
ganz außerordentliche Mischung von Talent, Geist, Possenreiße-
rei, Dickköpfigkeit und Wohlwollen – kurz, ein Durcheinander
gegensätzlichster Eigenschaften, mit einem großen Überhang der
guten.*«

Er wurde am 12. August 1762 als ältester Sohn von König Georg III. und dessen Gemahlin Charlotte von Mecklenburg-Strelitz geboren. Als potentieller Thronfolger erhielt er eine sorgfältige, strenge Ausbildung durch Privatlehrer. Der Prinz erwies sich als intelligenter Schüler, aber seinem kritischen Vater missfiel es, dass er so leicht zu beeinflussen war und zu Müßiggang neigte. Bereits als Sechzehnjähriger begann Georg gegen sein puritanisches Elternhaus zu rebellieren, für das sein ausschweifender Lebensstil und seine konstante Verschuldung einen ständigen Stein des Anstoßes darstellten. Obwohl nicht wirklich politisch interessiert, pflegte der Prinz von Wales intensiven Kontakt zu Politikern der Whigs, die in Opposition zur konservativen Regierung Georgs III. standen. Vor allem die enge Beziehung des Kronprinzen zu Charles James Fox, dem Führer der Whigs, erregte den Zorn des Königs – der alte Vater-Sohn-Konflikt im Hause Hannover feierte Auferstehung.

1784 verliebte sich Georg in Maria Anne Fitzherbert. Die zweifach verwitwete katholische Irin bürgerlicher Abkunft war wohl die Liebe seines Lebens. Ihre strengen Moralbegriffe machten jedoch eine Ehe erforderlich, was eigentlich wegen des »Act of Settlement« von 1701 für den Prinzen unmöglich war, da die Heirat eines katholischen Partners den Ausschluss von der Thronfolge nach sich zog. Der »Royal Marriages Act« bildete ein weiteres Hindernis, weil ein noch nicht 25 Jahre altes Mitglied des Königshauses die Genehmigung des Königs zur Heirat benötigte. In Hannover galten überdies bloß Ehen mit fürstlichen Partnern als legitim. Als Georg am 15. Dezember 1785 Mrs. Fitzherbert heimlich heiratete, war diese Ehe gesetzlich ungültig. Dies kam ihm später beim Eingehen seiner standesgemäßen Ehe zugute. Durch seinen verschwenderischen Lebenswandel, an dem sowohl seine Bauprojekte als auch seine Spielsucht großen Anteil hatten, war der Prinz 1794 so verschuldet, dass ihn letztendlich nur eine legale Ehe mit einer protestantischen

Prinzessin vor dem Ruin bewahren konnte. Das Parlament honorierte diesen Entschluss zur Sicherung der Thronfolge nicht nur mit einer Erhöhung seiner Apanage, sondern zeigte sich auch zum Begleichen seiner Schulden bereit. Georgs Gleichgültigkeit bei der Brautauswahl rächte sich bitter. Bereits beim ersten Zusammentreffen kurz vor der Heirat stieß ihn seine Cousine Caroline von Braunschweig-Wolfenbüttel ab. Die am 8. April 1795 geschlossene Ehe wurde ein einziges Fiasko. Nur wenige Monate nach der Geburt von Tochter Charlotte Augusta im Januar 1796 trennte sich Georg von seiner ihm verhassten Ehefrau. Er ging sogar so weit, seine Vaterschaft anzuzweifeln. Während er sich sexuelle Freizügigkeit genehmigte, gestand er dies umgekehrt Caroline nicht zu. Auf sein Drängen hin setzte König Georg III. 1806 schließlich eine Untersuchungskommission ein, die Carolines Lebensführung wegen Gerüchten über einen 1802 von ihr adoptierten Säugling im Geheimen überprüfen sollte. Die Hoffnungen des Prinzen auf eine Scheidung zerschlugen sich, weil die Kommission keine Beweise für eine außereheliche Mutterschaft Carolines fand, sondern nur deren freien Lebensstil bemängeln konnte. Zwischen 1814 und 1820 zog es die Prinzessin zu Georgs Erleichterung vor, ins Ausland zu gehen.

Als sein Vater im Oktober 1810 infolge seiner Erkrankung an Porphyrie irreversibel in Wahnsinn verfiel, wurde Georg am 5. Februar 1811 vom Parlament zum Regenten bestimmt. Schon 1788/89 war Derartiges angesichts eines schweren Krankheitsschubs bei Georg III. angedacht gewesen. Der Thronfolger verfügte jedoch über keine Regierungskenntnisse, da ihn sein Vater von den Staatsgeschäften ausgeschlossen hatte. Georgs Regentschaft fiel in eine Krisenzeit. Durch die Frühindustrialisierung befand sich die britische Wirtschaft in einem tiefgreifenden Umbruch. Missernten und Hungersnöte verschlechterten die Lage. Das Ende der Napoleonischen Kriege 1814/15 verschärfte die Situation durch den Rückgang der Rüstungsproduktion und die Entlassung vieler Soldaten aus dem aktiven Dienst. Für politischen Zündstoff sorgte die Frage, inwieweit den Katholiken die vollen Bürgerrechte zuerkannt werden sollten. Georgs Ablehnung der Katholikenemanzipation führte zu seinem Bruch mit den Whigs.

Das einstige Kurfürstentum Hannover, das 1807 bzw. 1810 im Königreich Westphalen aufgegangen war, wurde nach dem Sieg über Napoleon auf Georgs Wunsch hin als Königreich neu gebildet. Dank seiner territorialen Vergrößerung stieg es zu den deutschen Mittelstaaten auf. Der Prinzregent setzte seinen jüngsten Bruder, Herzog Adolph Friedrich von Cambridge, als Generalgouverneur ein. Außerdem erhielt das Königreich 1819 eine landständische Verfassung. Gesteuert wurde dies alles von dem hannoverschen Minister Ernst Graf zu Münster, der auch die von 1815 bis 1823 bei Georg liegende Vormundschaft für den minderjährigen Herzog Karl II. von Braunschweig wahrnahm.

Durch den Tod Georgs III. am 29. Januar 1820 wurde aus dem Prinzregenten zwar König Georg IV., aber seine Einflussnahme auf die britische Politik blieb eher gering. Aufgrund seiner hohen Schulden und seiner Unstetigkeit befand er sich gegenüber den Ministern in einer schwachen Position. Zudem widmete er sich nur ungern dem Aktenstudium. Der Einfluss der Krone schwand unter seiner Herrschaft rapide dahin. Dass Georg nicht bereit war, seine Gemahlin als Königin anzuerkennen, warf gleich zu Beginn seiner Königsherrschaft ein negatives Licht auf ihn. Da ein Scheidungsprozess wegen seiner eigenen außerehelichen Beziehungen nicht infrage kam, begann im August 1820 eine Anhörung vor dem Oberhaus über eine Gesetzesvorlage, die das britische Parlament in die Lage versetzen sollte, die königliche Ehe mit einfacher Mehrheit zu annullieren, wenn die Abgeordneten zu dem Ergebnis kämen, dass Carolines Benehmen ihrem königlichen Rang nicht entspräche. Weil das Oberhaus bloß mit einer knappen Mehrheit der Vorlage zustimmte, kam diese nicht mehr vor das Unterhaus. Im Verlauf des Prozesses solidarisierte sich die breite Masse mit Caroline, da sie in ihr eine Symbolfigur der Opposition gegen Georg IV. und seine unbeliebte Tory-Regierung sah. Zwar musste der König seine Scheidungspläne fallen lassen, doch von seiner prachtvoll in Szene gesetzten Krönung am 19. Juli 1821 in der Westminster Abtei wurde Caroline rigoros ausgeschlossen. Mit ihrem unerwarteten Tod wenige Wochen später endete der unerquickliche Streit um Carolines Rolle als Königin.

Während Georg IV. dem politischen Tagesgeschäft nicht viel Interesse entgegenbrachte, liebte er anders als die vorigen Welfenkönige repräsentative Auftritte in der Öffentlichkeit. Seine drei Staatsbesuche in Irland, Hannover und Schottland gehörten zu den Höhepunkten seiner Herrschaft. Im Gegensatz zu London löste sein Erscheinen dort jeweils ein positives Echo aus. Aufenthalte britischer Monarchen lagen in Irland wie auch in Schottland sehr lange zurück. Für die deutschen Stammlande handelte es sich bei Georgs dreiwöchigem Besuch 1821 immerhin um die erste landesherrliche Visite seit 66 Jahren. Schloss Herrenhausen wurde eigens dafür restauriert. Bei seiner Schottlandreise 1822 trug Georg dank seines Auftretens im Kilt der Royal Stuarts wesentlich dazu bei, dass dieses traditionelle Gewand der Highlands im 19. Jahrhundert nicht nur eine Renaissance erlebte, sondern sich auch zur nationalen Tracht von ganz Schottland entwickelte. Durch diese Kleidung unterstrich der König zudem die Versöhnung seines Hauses mit der jakobitischen Tradition. Nach diesem erfolgreichen Staatsbesuch zog er sich nach Schloss Windsor zurück. Dem fettleibigen, von der Gicht geplagten König setzte seine angeschlagene Gesundheit zu. In die Politik mischte er sich bloß noch selten ein. Widerwillig stimmte er 1829 dem Gleichstellungsgesetz für die Katholiken zu. Am 26. Juni

1830 starb Georg IV. an Herz- und Leberverfettung. »*Nie ist ein Verstorbener von seinen Mitmenschen weniger betrauert worden als dieser König*«, behauptete die britische Zeitung »The Times« nach seinem Begräbnis. Das Ansehen der Monarchie hatte in Großbritannien einen Tiefpunkt erreicht – dies änderte sich erst wieder unter Georgs Nichte Viktoria. Da seine Tochter Charlotte Augusta, die seit 1816 mit dem Prinzen Leopold von Sachsen-Coburg-Saalfeld verheiratet gewesen war, 1817 an den Folgen einer Totgeburt verstorben war, folgte Georg IV. zunächst sein Bruder Wilhelm auf den Thron nach.

Caroline von Braunschweig-Wolfenbüttel

* 1768 in Braunschweig
† 1821 in London
Königin von Großbritannien
und Irland, Königin von
Hannover

Das Leben der ungekrönten britischen Königin Caroline erinnert mit seinen Krisen und Skandalen sowie dem damit verbundenen Medienwirbel an jenes von Lady Diana, Prinzessin von Wales. Obwohl zweihundert Jahre zwischen den Frauen liegen, brachten sie beide die altehrwürdige englische Monarchie zeitweise ins Wanken.

Caroline Amalie Elisabeth kam am 17. Mai 1768 in Schloss Richmond in Braunschweig zur Welt. Ihre Eltern waren der spätere Herzog Karl Wilhelm Ferdinand zu Braunschweig und Lüneburg und die englische Königstochter Augusta. Caroline teilte das Schicksal vieler Fürstenkinder ihrer Zeit, die kein harmonisches Familienleben kannten, da es sich bei den Ehen ihrer Eltern um Heiraten allein aus dynastisch-politischen Gründen handelte. Die impulsive, eigenwillige Prinzessin zeigte von klein auf wenig Interesse an höfischer Etikette. Dank des unguten Einflusses ihrer Mutter erhielt sie nur eine mangelhafte Erziehung.

Relativ spät für eine Prinzessin im 18. Jahrhundert eröffneten sich für Caroline in der Person ihres wenig älteren Cousins, des Prinzen Georg von Wales, Aussichten auf eine glanzvolle Heirat. Dass sich der englische Thronfolger bloß widerwillig zu der standesgemäßen Verbindung mit der Nichte seines Vaters, König Georg III., bereitgefunden hatte, wusste hingegen die Braunschweigerin nicht. Ihn hatte einzig seine finanzielle Misere bewogen, dem Druck seines Vaters und des Parlaments nachzugeben und eine deutsche Prinzessin zu heiraten. Als weitere Belastung kam hinzu, dass der Prinz im Dezember 1785 in Brighton eine morganatische Ehe mit der bürgerlichen, verwitweten und noch dazu katholischen Maria Fitzherbert eingegangen war. Diese nicht publik gemachte Ehe hinderte Georg übrigens nicht, sich zusätzlich nebenher Mätressen zu leisten.

Dass die Ehe zwischen Caroline und dem Prinzen von Wales keinen guten Verlauf nehmen würde, zeichnete sich bereits bei ihrem ersten Zusammentreffen am 5. April 1795 ab. Georg verlangte beim Anblick seiner eben in England eingetroffenen Braut umgehend ein Glas Brandy und verließ danach sofort das Zimmer. Die verdutzte Prinzessin stellte lakonisch fest, dass der dicke Prinz überhaupt nicht dem schmeichelhaften Porträt entsprach, das sie im Vorfeld erhalten hatte. Im Grunde musste jedem Kenner der Persönlichkeiten des Brautpaars klar sein, dass hier zwei Menschen zusammengeführt wurden, die nicht zueinanderpassten. Im Gegensatz zu dem egozentrischen Lebemann Georg legte Caroline wenig Wert auf ihr Äußeres sowie auf elegante Kleidung und verfügte über nicht viel höfischen Schliff, sondern hatte einen Hang zum Vulgären und zu unüberlegten Indiskretionen. Der britische Diplomat Lord Malmesbury vertrat die Meinung, dass sich die Prinzessin an der Seite »*eines ausgeglichenen, vernünftigen Mannes*« wohl »*gut entwickeln*« würde, »*aber wo sie aller Wahrscheinlichkeit nach Fehler finden wird, die ihren eigenen perfekt entsprechen, wird sie Schiffbruch erleiden*«.

Die am 8. April 1795 geschlossene Ehe war von Anfang an eine Katastrophe. Die Hochzeitsnacht verbrachte der Bräutigam angeblich volltrunken unter dem Kamingitter, um erst gegen Morgen zu seiner Gemahlin ins Bett zu klettern. Georg und Caroline lebten nur kurze Zeit nach der Vermählung wie ein Ehepaar zusammen. Im Grunde wünschte der Prinz unverzüglich, seine Ehefrau wieder loszuwerden. Caroline sah sich am Hof ignoriert und zurückgesetzt. Unglücklich schrieb sie an eine Freundin: »*Ich weiß nicht, wie ich die Einsamkeit ertragen soll.*« Ihr Schwiegervater Georg III. unterstützte sie als Einziger aus der königlichen Familie. Nachdem die Prinzessin am 7. Januar 1796 die Tochter und mutmaßliche Thronfolgerin Charlotte Augusta auf die Welt gebracht hatte, ging das Ehepaar Wales getrennte Wege.

Caroline zog 1797 nach Blackheath bei Greenwich. Ihre Tochter musste sie in London zurücklassen. In Montague House führte die Prinzessin ein für die Gemahlin eines Thronfolgers ungewöhnlich ungezwungenes Leben. Sie missachtete die höfische Etikette und setzte sich über Konventionen hinweg, indem sie etwa ohne Beisein Dritter männliche Gäste allein bei sich empfing. Bald wurde über heimliche Liebschaften gemunkelt. Dass sich Caroline persönlich um mehrere verwaiste Kinder aus armen Verhältnissen kümmerte, sorgte ebenfalls für Gesprächsstoff. Als sie 1802 gar den wenige Monate alten William Austin, den Sohn eines arbeitslosen Werftarbeiters, adoptierte, kam das Gerücht auf, bei dem Säugling handele es sich in Wahrheit um ein außereheliches Kind der Prinzessin. Weitere skandalöse Geschehnisse in ihrem Umfeld mündeten im Mai 1806 in die Einsetzung einer im Geheimen agierenden parlamentarischen Untersuchungskommission. Der Prinz von Wales, der sich unbedingt von seiner unliebsamen Gemahlin scheiden lassen wollte, hatte auf die Einleitung des sogenannten »heiklen Ermittlungsverfahrens« gegen Caroline wegen Ehebruchs gedrängt. Er hatte sie deshalb schon lange überwachen lassen. Da man der Prinzessin keinen Ehebruch nachweisen konnte, musste sie im April 1807 freigesprochen werden. Sie wurde zwar wegen ihrer unkonventionellen Lebensweise verwarnt, war aber vollständig rehabilitiert. Dies ermöglichte es ihr, wieder ihre Rechte als Prinzessin von Wales wahrzunehmen und 1808 in den Londoner Kensington Palast zu übersiedeln.

Als der Prinz von Wales im Februar 1811 zum Prinzregenten für seinen nicht mehr regierungsfähigen Vater ernannt wurde, vereinsamte Caroline erneut. Der Kontakt zu ihrer Tochter Charlotte wurde begrenzt. Bei offiziellen Anlässen war ihre Anwesenheit unerwünscht. Weil die Prinzessin obendrein große Popularität genoss und beliebter als ihr Ehemann war, dessen liederliches Privatleben und Geldverschwendung den Untertanen missfielen, war Georg nur zu gerne bereit, ihren Reiseplänen zuzustimmen. Im August 1814 verließ Caroline Großbritannien und bereiste in den kommenden Jahren Deutschland, Italien, Griechenland und den Orient. Längere Zeit lebte sie in Cernobbio am Comer See, später in Pesaro. Wieder genehmigte sie sich einen exaltierten Lebensstil, obwohl ihr an sich bewusst sein musste, dass ihrem Mann weiterhin an Beweismaterial gegen sie gelegen sein würde, um die Scheidung vorantreiben zu können. Der Klatsch über eine Affäre der Prinzessin mit ihrem italienischen Dolmetscher und Kammerherrn Bartolomeo Pergami war offenbar nicht aus der Luft gegriffen. Einen Schock stellte für Caroline der frühe Tod ihrer seit 1816 verheirateten Tochter Charlotte dar, die an den Folgen einer Totgeburt verstarb. Sie hatte dies lediglich durch Zufall erfahren, da es der Prinzregent nicht für nötig hielt, seine Gemahlin darüber zu informieren.

Als ihr Ehemann nach dem Tod seines Vaters Ende Januar 1820 den Thron als König Georg IV. bestieg, forderte er von Caroline, dass sie sich in Zukunft des Namens und der Rechte einer britischen Königin enthalte und nie nach England zurückkehre. Ihr wurde dafür eine Erhöhung ihrer jährlichen Apanage um 15 000 Pfund geboten. Was Caroline letztlich bewog, dies abzulehnen, ist unbekannt. Zu Georgs großem Ärger wurde sie bei ihrer Ankunft in England begeistert von der Bevölkerung begrüßt. Im September 1820 wurde sie wegen sittlicher Verfehlungen mit einer offiziellen Anklage vor dem britischen Oberhaus konfrontiert. In dem skandalträchtigen Verfahren, bei dem die Öffentlichkeit meist auf Carolines Seite stand, verteidigten sie ihre Anwälte geschickt als gedemütigte Ehefrau und gekränkte Königin. Günstig wirkte sich aus, dass Georg IV. wesentlich weniger Ansehen genoss als die Angeschuldigte. Das entwürdigende Spektakel zeitigte dank des wachsenden Volkszorns gefährliche Ausmaße für die Monarchie. Die Gesetzesvorlage musste im November fallengelassen werden. Caroline kam danach dennoch nicht zur Ruhe, weil der König nun eine Pressekampagne gegen sie startete. Von der prächtigen Krönung Georgs IV. am 19. Juli 1821 wurde sie selbstverständlich ausgeschlossen. Entgegen dem Ratschlag ihr Wohlgesinnter ersuchte sie trotzdem an der Portaltür der Westminster Abtei um Einlass, der ihr verweigert wurde. Kurz nach diesem erniedrigenden Auftritt starb sie am 7. August 1821 in Brandenburg House in London. Während sie glaubte, vergiftet worden zu sein, litt sie wohl eher an einer unheilbaren Unterleibserkrankung. Zu ihrem Haupterben bestimmte sie William Austin. Gemäß ihrem Willen wurde ihr Leichnam nach Braunschweig überführt und in der Welfengruft des dortigen Doms bestattet.

Wilhelm IV.

* 1765 in London
† 1837 in Windsor
König von Großbritannien
und Irland, König von
Hannover

Der bis heute wenig beachtete König Wilhelm IV., auch Sailor
King, Matrosenkönig, genannt, kam am 21. August 1765 als
dritter Sohn von König Georg III. von Großbritannien und
dessen Gemahlin Charlotte von Mecklenburg-Strelitz zur
Welt. Schon im Alter von dreizehn Jahren trat er als Kadett in
die britische Marine ein. Nach dem Willen seines Vaters sollte
er die Seefahrt von Grund auf erlernen. Außerdem sollte er
auf diese Weise dem schlechten Einfluss seiner beiden älteren
Brüder entzogen werden. Besondere Privilegien wurden ihm
bei der Marine nicht eingeräumt. Mit einer Unterbrechung
von zwei Jahren, in denen der Prinz nach Hannover geschickt
wurde, um seine üblen Umgangsformen zu verbessern, verblieb Wilhelm bis 1790 bei der Marine. Trotz des Endes seines
aktiven Dienstes und trotz geringer Führungsqualitäten stieg
er danach noch bis zum Großadmiral auf. Eine wirkliche Aufgabe hatte Wilhelm, der seit Mai 1789 den Titel eines Herzogs
von Clarence führte, seit dem Ende seiner aktiven Laufbahn
auf See zu seinem Leidwesen nicht. Mit großer Hingabe
widmete er sich deshalb seit 1797 der Landwirtschaft seiner
Residenz Bushy House. Als er nach dem kinderlosen Tod
seines älteren Bruders Friedrich, des Herzogs von York,
1827 zum unmittelbaren Thronfolger hinter König Georg IV.
aufrückte, wurde er als Lord High Admiral Mitglied in dem
von Premierminister George Canning gebildeten Ministerium. Wilhelm verkannte jedoch, dass es sich dabei um ein

rein repräsentativ angelegtes Amt handelte. Er setzte sich in undisziplinierter Art über seine geringen Befugnisse hinweg und versuchte, Reformen bei der Marine durchzusetzen, was nicht geduldet wurde. Bereits im August 1828 schied er daher wieder aus dem Ministerium aus.

Mit seinem an Affären reichen Privatleben sorgte der Herzog von Clarence für ziemlichen Gesprächsstoff sowie für Missfallen bei seinen Eltern. Während seine im August 1791 heimlich mit der hannoverschen Generalstochter Caroline von Linsingen geschlossene Ehe nach nur kurzer Dauer auf elterlichen Druck hin wieder aufgelöst wurde, unterhielt er mit der bekannten und attraktiven irischen Schauspielerin Dorothea Jordan seit 1790 ein langjähriges eheähnliches Verhältnis. Aus dieser Beziehung stammten insgesamt zehn Kinder, an denen Wilhelm zeitlebens mit großer Liebe hing und an deren Fortkommen ihm stets gelegen war. Derweil seine illegitimen Nachkommen, die den Namen Fitzclarence führten, durch hervorragende Stellungen im öffentlichen Dienst oder durch Einheiraten in die englische Aristokratie gut versorgt waren, gestaltete sich die Lage für seine Mätresse später weniger rosig. 1811 trennte sich der Herzog von ihr, da er wegen seiner inzwischen größeren Nähe zum Thron eine standesgemäße Gemahlin benötigte. Dora Jordan verstarb 1816 in Frankreich in ärmlichen Verhältnissen.

Nachdem schon mehrere Versuche gescheitert waren, für ihn eine passende Braut aus einem Fürstenhaus zu finden, heiratete der fast 53 Jahre alte Wilhelm schließlich im Juli 1818 die kaum halb so alte Prinzessin Adelheid von Sachsen-Meiningen. Im Vorfeld seiner Heirat hatte er sich eigens vorgenommen, nicht dem Beispiel seines ältesten Bruders Georg zu folgen und ein ähnlich unerfreuliches Ehedrama unbedingt zu vermeiden: »*Ich kann, will und darf sie nicht schlecht behandeln.*« Da sein jüngerer Bruder Eduard, Herzog von Kent, gleichzeitig die Ehe mit der verwitweten Fürstin Viktoria von Leiningen einging, konnte in Kew eine

Doppelhochzeit gefeiert werden. Die von den beiden un-
gleichen Ehepartnern allein aus dynastischen Rücksichten
geschlossene Ehe entwickelte sich wider Erwarten zu einer
harmonischen Verbindung. Ihren Hauptzweck erfüllte sie
allerdings nicht, weil die zwei gemeinsamen Kinder bereits
kurze Zeit nach der Geburt verstarben. Adelheid nahm sich
stattdessen liebevoll Wilhelms illegitimer Kinder an. Auf
die Meiningerin geht sehr wahrscheinlich auch der Brauch
in England zurück, einen Weihnachtsbaum aufzustellen
und Geschenke an die Kinder zu verteilen. Offensichtlich
bewunderte der als nicht besonders intellektuell geltende
Herzog von Clarence seine junge gebildete Frau, die ihm
nicht nur ein von ihm geschätztes Heim bot, sondern ihn
auch in seinem Verhalten positiv zu beeinflussen verstand.
Der stets auf eine würdevolle Haltung bedachten, zarten
und graziösen Adelheid gelang das Kunststück, Wilhelm
weitgehend das Fluchen abzugewöhnen und ihm dafür ein
etwas vornehmeres Auftreten anzugewöhnen. Dank ihres
Einflusses bekam er außerdem seine Schulden in den Griff.

Ursprünglich hatte niemand wegen des Vorhandenseins
von zwei älteren Brüdern eine Thronbesteigung von Wilhelm
in Betracht gezogen und ihn entsprechend darauf vorbereitet. Als er nach dem Tod seines ältesten Bruders Georg IV.
am 26. Juni 1830 König des Vereinigten Königreichs von
Großbritannien und Irland sowie von Hannover wurde,
galt der gesundheitlich bereits angeschlagene 64-Jährige als
Übergangslösung. Das Ansehen der britischen Monarchie
befand sich zu diesem Zeitpunkt wegen des skandalträchtigen Lebenswandels des verstorbenen Georgs IV. auf dem
Tiefpunkt. Der neue König trat ein schwieriges Erbe an. In
seinem ganzen Auftreten wirkte der übergewichtige Wilhelm IV. wenig königlich. Sein grobes Benehmen, das er sich
einst bei der Marine angewöhnt hatte, gab er nie vollständig
auf. Schon sein Vater Georg III. hatte 1783 bemängelt, dass
Wilhelm »zu viel von den Manieren seines Berufsstandes« hatte.

Er tendierte zu heftigen Wutausbrüchen, eine bekannte
Familieneigenschaft der Welfen, war nicht selten brüsk im
Ton, undiplomatisch und absolut formlos. Seine Gemahlin
Adelheid sah sich daher häufig genötigt, beruhigend und die
Wogen glättend einzugreifen. Für die schönen Künste fehlte
ihm jegliches Verständnis. Positiv wurde hingegen vermerkt,
dass er nichts von Distanz zu seinen Untertanen hielt. Ebenso beifällig wurde aufgenommen, dass er Luxus und Prunk
nicht sonderlich schätzte. Im Gegensatz zu Georg IV. legte
Wilhelm als König in persönlichen Belangen sogar eine aus-
gesprochene Sparsamkeit an den Tag. Dass er gerne durch
die Londoner Straßen spazierte und nach allen Seiten grüßte,
machte ihn anfänglich populär. Zu der guten Resonanz trug
auch bei, dass Wilhelm die königlichen Gärten in London
und Windsor der Öffentlichkeit zugänglich machte. Seine
ungekünstelte Herzlichkeit, Großzügigkeit und Offenheit
ließen manchen seiner Fauxpas leichter ertragen.

Während Wilhelm früher kein Anhänger von liberalen
Ansichten gewesen war, indem er sich beispielsweise gegen
die Sklavenemanzipation ausgesprochen hatte, zeigte er sich
in späteren Jahren aufgeschlossener. So unterstützte er 1829
etwa die von der Regierung angestrebte Gleichstellung der
Katholiken im Vereinigten Königreich. Als britischer König
spielte er zwar keine aktive Rolle bei der 1830 einsetzen-
den Reformpolitik, doch vor dem Hintergrund massiver
Unruhen im Land und der grassierenden Revolutionsangst
akzeptierte er sie trotz zeitweiliger Vorbehalte. Gerade bei
dem wichtigsten und umkämpftesten Reformvorhaben, der
dringend benötigten Reform des veralteten Wahlrechts, war
seine Mitwirkung notwendig, um das Oberhaus schließlich
zum Einlenken zu bringen. Die Wahlrechtsreform von 1832
brachte eine Erweiterung der Wahlberechtigung und eine
Verbesserung bei der ungerechten Aufteilung der Wahlkrei-
se. Die Reform festigte zugleich die Position des Parlaments
und unterstützte die Entstehung moderner Parteien. Dies

bekam Wilhelm IV. schon wenig später zu spüren, als er als letzter britischer Monarch versuchte, Ende 1834 eine Regierung gegen den Willen der Unterhausmehrheit durchzusetzen. Die von ihm berufene Tory-Regierung konnte sich nicht halten. Bereits im Frühjahr 1835 musste er nachgeben und ein Whig-Ministerium ernennen.

Im Königreich Hannover hinterließ Wilhelm IV. einen weitgehend positiven Eindruck. Nachdem es dort als Reaktion auf die Julirevolution von 1830 zu Ausschreitungen gekommen war, entließ er den unbeliebten, erzkonservativen Lenker der hannoverschen Politik, den Grafen Münster, und löste die Deutsche Kanzlei in London auf. Wilhelm erhob seinen jüngeren Bruder Herzog Adolph Friedrich von Cambridge, der seit 1816 als Generalgouverneur in Hannover fungierte, zum Vizekönig und zum Vorsitzenden des Staatsministeriums. Mit Wilhelms Einverständnis konnten Reformen in die Wege geleitet werden. Das liberale Staatsgrundgesetz von 1833, eine einheitliche Finanzverwaltung und die Ablöseordnung, die die Befreiung der Bauern einleitete, waren die wichtigsten Neuerungen. Zu ihrer Säkularfeier im Jahr 1837 stiftete der König der Universität Göttingen 3000 Pfund Sterling für die Aula. Zum Dank wurde ihm dafür auf dem Platz davor ein Denkmal errichtet.

Als der schon länger kränkelnde, an Asthmabeschwerden leidende Wilhelm IV. am 20. Juni 1837 in Schloss Windsor nach nicht ganz siebenjähriger Regierungszeit verstarb, endete damit gleichzeitig auch die 123 Jahre während Personalunion zwischen Großbritannien und Hannover. Auf den britischen Thron folgte ihm seine eben volljährig gewordene Nichte Viktoria, die Tochter seines verstorbenen Bruders Eduard, nach. Da in Hannover die rein männliche Erbfolge galt, ging die dortige Königskrone an Wilhelms jüngeren Bruder Ernst August, den Herzog von Cumberland. Königinwitwe Adelheid überlebte ihren Ehemann um zwölf Jahre.

Adolph Friedrich von Großbritannien und Irland

* 1774 in London
† 1850 in London
Herzog von Cambridge,
Vizekönig von Hannover

Der am 24. Februar 1774 geborene Adolph Friedrich war
der siebte und zugleich jüngste Sohn des britischen Königs
Georg III. und dessen Gemahlin Charlotte von Mecklenburg-Strelitz. Bereits im Alter von zwölf Jahren wurde der
Prinz von seinem Vater zusammen mit seinen beiden älteren
Brüdern August Friedrich und Ernst August zum Studium
an die von seinem Urgroßvater Georg II. gegründete Universität Göttingen geschickt. Die in England aufgewachsenen
Königssöhne sollten sich hier mit der deutschen Sprache
sowie mit den Sitten und Gewohnheiten im Kurfürstentum
Hannover vertraut machen. Am 6. Juli 1786 trafen die Brüder
in Göttingen ein. In den nächsten fünf Jahren hörte Adolph
Friedrich Vorlesungen zur Theologie, Physik und Philologie.
Im Gegensatz zu seinen beiden Brüdern ließ der liebenswür-
dige Prinz schon bald Wissbegier und Freude am Lernen
erkennen. Die klassische lateinische Literatur faszinierte
ihn so sehr, dass er sich an seinen Vater wandte, um dessen
Zustimmung für eine öffentliche Prüfung zu erlangen, die
dann am 15. September 1787 stattfand. Wie von Georg III. gewünscht, hatte der Prinz seine Zeit in Göttingen außerdem
dazu verwandt, um möglichst viel deutsch zu sprechen, was
sich später für ihn auszahlen sollte.

Nachdem die drei Prinzen Göttingen 1791 verlassen hatten, trat Adolph Friedrich zusammen mit seinem Bruder

Ernst August in die hannoversche Armee ein. Sein prakti-
scher militärischer Einsatz begann 1793/94 im Kampf der
Alliierten gegen die französischen Revolutionstruppen
in den Niederlanden. 1801 wurde Adolph Friedrich zum
Major befördert und zudem zum Stadtkommandanten in
Hannover ernannt. Nach der Besetzung des Kurfürstentums
Hannover durch französische Truppen im Jahr 1803 diente
er in der britischen Armee, wo er bis zum Feldmarschall aufstieg. Aus der britischen Politik hielt sich jedoch der Prinz,
der 1801 den Titel eines Herzogs von Cambridge verliehen
bekam und Mitglied des Kronrates wurde, gänzlich heraus.

Nach dem Ende der Napoleonischen Kriege wurde
Adolph Friedrich von seinem ältesten Bruder, dem damaligen Prinzregenten Georg, 1813 als Militärgouverneur nach
Hannover geschickt, das jetzt wieder in welfischen Besitz
übergegangen war. Drei Jahre später wurde der Herzog
von Cambridge zum Generalgouverneur des inzwischen
zum Königreich erhobenen Kurfürstentums ernannt. Sein
älterer Bruder Ernst August, der fest darauf gehofft hatte,
die Statthalterschaft übernehmen zu können, reagierte auf
diese bewusste Zurücksetzung mit tiefer Enttäuschung. Der
umgängliche, pflichtbewusste und unpolitische Adolph
Friedrich erschien den Politikern für diese Position wohl
geeigneter als der ultrakonservative und wesentlich eigen-
willigere Herzog von Cumberland. Tatsächliche Machtbefugnisse waren mit dieser Stellung von vornherein nicht
verbunden. Nach dem Willen des einflussreichen Leiters
der hannoverschen Regierungsgeschäfte in London, des
Grafen Ernst Friedrich Herbert zu Münster, sollte der Generalgouverneur hauptsächlich repräsentative Aufgaben
wahrnehmen. Er wies deshalb die Minister in Hannover bei
Adolph Friedrichs Ernennung eigens an, darauf zu achten,
dass die Befugnisse des Herzogs »die bestimmte Grenzlinie«
nicht überschritten. Erst nach dem Regierungsantritt von
König Wilhelm IV. änderte sich die Situation. Nach den

Unruhen in Göttingen zu Beginn des Jahres 1831 empfahl Adolph Friedrich nach einer Reise durch das Königreich mit Rückendeckung durch einen Teil der hohen Bürokratie zahlreiche liberale Reformen und sprach sich für einen Systemwechsel in Hannover aus. Wilhelm IV. entließ daraufhin den unbeliebten Grafen Münster, der durch Ludwig von Ompteda, einen Vertrauten Adolph Friedrichs, ersetzt wurde. Die Stellung des Herzogs von Cambridge wurde durch seine Ernennung zum Vizekönig am 22. Februar 1831 aufgewertet. Adolph Friedrich gab überdies eine schriftliche Verfassung in Auftrag, die am 26. September 1833 als Staatsgrundgesetz in Kraft trat und aus Hannover eine konstitutionelle Monarchie machte.

Noch in die ersten Jahre seiner Zeit als Gouverneur von Hannover fielen Adolph Friedrichs Heirat und Familiengründung. Ursprünglich hatte er Friederike von Mecklenburg-Strelitz zu seiner Ehefrau machen wollen. Er war der attraktiven Witwe des Prinzen Ludwig von Preußen 1797 im mondänen Kurbad Pyrmont begegnet. König Georg III. wäre mit diesem Ehewunsch seines Sohnes zwar einverstanden gewesen, doch die kriegerischen Ereignisse in Europa sorgten für eine nicht absehbare Verzögerung, weshalb sich die Prinzessin zur großen Enttäuschung des Welfen umorientierte. Nachdem er den Gedanken an eine standesgemäße Braut, die ihm auch persönlich zusagte, offenbar beinahe aufgegeben hatte, lernte er im Sommer 1817 Prinzessin Auguste von Hessen-Kassel kennen. Die über 20 Jahre jüngere, hübsche Prinzessin war als mögliche Braut für seinen älteren Bruder Wilhelm im Gespräch, der ihn daher damit beauftragte, die Kandidatin für ihn in Augenschein zu nehmen. Adolph Friedrichs Bericht über Auguste fiel so enthusiastisch aus, dass ihm Wilhelm riet, sich selbst um ihre Hand zu bewerben. Die Prinzessin entstammte der jüngeren, nicht regierenden Linie des hessischen Kurfürstenhauses und konnte außerdem wie ihr Bräutigam auf den britischen König Georg II. als Urgroßvater verweisen. Froh über die Möglichkeit, eine Neigungsehe eingehen zu können, schrieb Adolph Friedrich im Vorfeld seiner Hochzeit: »*Ich glaube wirklich, dass es auf der ganzen Erde keinen glücklicheren Menschen gibt als mich (…) Ich bin zutiefst dankbar, dass die Vorsehung diesen Segen für mich bereit gehalten hat, und der Himmel helfe mir, dass ich mich dieses Glückes würdig erweise und es nicht durch irgendwelches Fehlverhalten aufs Spiel setzen möge.*« 1818 fand die Hochzeit des Herzogs mit der hessischen Prinzessin statt. Aus der Ehe stammten drei Kinder. Der 1819 geborene Sohn Georg Wilhelm Friedrich war der erste nach mehr als 100 Jahren wieder in Hannover geborene Prinz des welfischen Königshauses. Nach seiner Geburt sah es zwei Monate lang so aus, als ob der Neugeborene sogar der Thronfolger in London und in Hannover sein würde. Diese vielversprechende Aussicht zerschlug sich, als kurz darauf hintereinander die Kinder der Herzöge von Kent und Cumberland auf die Welt kamen. Später wurde angedacht, dass Georg Wilhelm Friedrich seine Cousine Viktoria, die künftige britische Königin, heiraten könnte, woraus bekanntlich ebenfalls nichts wurde.

Der Tod von König Wilhelm IV. im Jahr 1837 brachte nicht nur das Ende der Personalunion zwischen Großbritannien und Hannover, sondern setzte auch den Schlusspunkt unter Adolph Friedrichs Zeit als Vizekönig, da nun sein Bruder Ernst August zum hannoverschen König ausgerufen wurde. Adolph Friedrichs Weggang aus Hannover löste Bedauern aus. Er war wegen seiner Bürgernähe beliebt. Zeremoniellbestimmungen hatte er bloß wenig Beachtung geschenkt. Außerdem hatte er sich der Wissenschafts- und Kulturförderung angenommen. So unterstützte Adolph Friedrich etwa den 1832 von engagierten Bürgern ins Leben gerufenen Kunstverein in Hannover, der zu den frühesten in Deutschland gegründeten Institutionen dieser Art gehörte. Generelles Anliegen der Kunstvereine war es, dem im Aufstieg begriffenen Bürgertum den Zugang zur Gegenwartskunst zu vermitteln. Als Referenz an seinen Schutzherrn fand die erste Ausstellung des Kunstvereins Hannover am Geburtstag Adolph Friedrichs, am 24. Februar 1833, statt, wie dies auch in den kommenden Jahren üblich blieb.

Nach fast 24 Jahren in Deutschland kehrte der Herzog von Cambridge im Sommer 1837 mit seiner Familie nach Großbritannien zurück, wo er sich wieder an ein Leben als Privatperson gewöhnen musste. Er mischte sich nicht in politische Belange ein, sondern engagierte sich als Präsident vieler Wohltätigkeitsorganisationen. Mehrmals besuchte Adolph Friedrich noch Hannover, zuletzt im August 1849, ein knappes Jahr vor seinem Tod am 8. Juli 1850 in London.

Viktoria

* 1819 in London
† 1901 in Osborne House
(Insel Wight)
Königin von Großbritannien
und Irland,
Kaiserin von Indien

Als letzte Herrscherin aus dem Hause Hannover folgte am 20. Juni 1837 die erst achtzehn Jahre alte Prinzessin Viktoria ihrem Onkel König Wilhelm IV. auf den Thron von Großbritannien und Irland nach. Ihre Regentschaft sollte über 63 Jahre dauern und ließ sie zum Symbol des britischen Empires werden. Am Ende ihrer Regierungszeit herrschte sie fast über ein Viertel der Erde und ein Viertel der Weltbevölkerung, wenngleich sie selbst nicht viel von weiblichen Monarchen hielt; denn ihrer Meinung nach waren Frauen *nicht zum Regieren geschaffen*«. Das nach ihr benannte Viktorianische Zeitalter war bestimmt von wirtschaftlichem Aufschwung in Verbindung mit einer rasant voranschreitenden Industrialisierung, imperialistischer Expansion, gewaltigen sozialen Gegensätzen und einem bürgerlich-strengen Moralprinzipien verpflichteten Gesellschaftsbild.

Alexandrina Viktoria wurde am 24. Mai 1819 im Londoner Kensington Palast als Tochter des nur wenige Monate nach ihrer Geburt verstorbenen Herzogs Eduard von Kent und der Prinzessin Marie Luise Viktoria von Sachsen-Coburg-Saalfeld, verwitweter Fürstin von Leiningen, geboren. Ihr Vater hatte sich nach dem Tod der Thronfolgerin Charlotte, des einzigen Kindes des Prinzregenten Georg, entschlossen, wegen der neuen Erbfolgeaussichten doch noch standesgemäß zu heiraten. Nach über 25 Jahren trennte er sich deshalb von seiner Geliebten und ging 1818 eine ebenbürtige Ehe ein. Zum Zeitpunkt ihrer Geburt nahm seine Tochter Viktoria allerdings bloß den fünften Platz in der britischen Thronfolge ein, und es schien keineswegs sicher zu sein, dass sie zur Thronerbin avancieren würde. Dies änderte sich durch den Tod der anderen Thronanwärter. Ihre Mutter überwachte Viktorias Erziehung und hielt sie bewusst von den skandalträchtigen Höfen ihrer Onkel fern. Rückblickend empfand Viktoria ihre Kindheit als wenig glücklich: »*Keinen Auslauf für meine starken Gefühle und Zuneigungen, keine Brüder und Schwestern, mit denen ich leben konnte (…) kein intimes und vertrauensvolles Verhältnis mit meiner Mutter.*« Da die willensstarke Prinzessin ohne Altersgenossen aufwuchs, entwickelte sich ihre deutsche Erzieherin Baronin Luise Lehzen zu einer wichtigen Bezugsperson, die ihr auch emotional nahestand. Neben einer guten sprachlichen Ausbildung eignete sich Viktoria eher mittelmäßige Kenntnisse in Geographie, Geschichte und Politik an.

Viktorias Regierungsantritt beendete die seit 1714 bestehende Personalunion mit dem Königreich Hannover, weil die dortige Erbfolgeregelung eine weibliche Thronfolge ausschloss, solange noch männliche Erben zur Verfügung standen. Ihrer Mutter und deren dominantem Berater Sir John Conroy gestand die junge Monarchin keinerlei Einflussmöglichkeiten zu. Am 28. Juni 1838 fand ihre feierliche Krönung in der Londoner Westminster Abtei statt. Ihr großes Selbstbewusstsein und ihre ausgeprägte Selbstständigkeit verleiteten Königin Viktoria, die ihr Land kaum kannte, anfangs zu einigen unklugen Maßnahmen. Im Verlauf ihrer langen Regierungszeit erwies sie sich jedoch als gewissenhafte Regentin. Ihre herausragende Eigenschaft war ihr gesunder Menschenverstand. Trotz konstitutioneller Monarchie zeigte sie sich bestrebt, den Regierungskurs in ihrem Sinne zu beeinflussen. Ihre Macht bestand vor allem darin, dass die Minister ihren Wünschen nachkamen und sich ihrem Willen beugten. Nur selten stellte Viktoria offen die Machtfrage. Gegenüber ihren Premierministern neigte die eigensinnige Königin dazu, sich von persönlichen Gefühlen leiten zu lassen. Während sie etwa den väterlich-weltmännischen William Melbourne und den charmanten Benjamin Disraeli schätzte, brachte sie dem eher langweiligen und äußerst pedantischen William Edward Gladstone regelrechten Widerwillen entgegen.

Am 10. Februar 1840 heiratete Viktoria ihren gleichaltrigen, gut aussehenden Vetter Prinz Albert von Sachsen-Coburg und Gotha. Diese von ihrem Onkel, dem belgischen König Leopold I., von langer Hand vorbereitete Ehe war seitens der Königin eine wirkliche Liebesheirat. Ihrem höheren Rang entsprechend machte sie dem Prinzen den Heiratsantrag. In ihrem Tagebuch hielt sie dazu fest: »*Um halb eins ließ ich Albert zu mir bitten. Er kam in das Kabinett, wo ich ihn allein empfing, und nach einigen Minuten sagte ich, ich glaube, er wisse wohl, warum ich ihn hergebeten habe – und daß ich so glücklich wäre, wenn er dem zustimmte, was ich mir wünschte (daß er mich heirate).*« Der intelligente Prinz wurde nach anfänglichen Machtkämpfen ihr engster Ratgeber und übte nicht nur im privaten Umfeld großen Einfluss auf Viktoria aus, sondern auch im politischen Leben. Nach seinen eigenen Worten wurde Albert »*das natürliche Familienoberhaupt, Oberinspektor des königlichen Haushalts, Manager der Privatangelegenheiten der Königin, einziger vertrauter Berater in politischen Fragen, einziger Gehilfe in ihren Beziehungen zu den Mitgliedern der Regierung, außerdem ihr Ehemann, Erzieher der Kinder, Privatsekretär der Königin und ihr ständiger Minister*«. Aus der harmonischen Ehe gingen neun Kinder hervor, obwohl Viktoria Schwangerschaften hasste und für Babys nicht viel übrig hatte. Bezeichnenderweise erhielt keines der Kinder einen der traditionellen Vornamen der Hannoveraner. Nichts sollte an die wenig populäre hannoversche Vergangenheit erinnern. Da Albert zudem dafür sorgte, dass fortan bei Hofe strenge moralische Maßstäbe galten, wurde das Privatleben der Königsfamilie zum Inbegriff von Häuslichkeit und Anstand.

Nicht nur glaubten die zwei Ehepartner fest an bürgerliche Familienwerte, beide verband auch ein hohes Arbeitsethos. Immer mehr überließ Viktoria ihrem tatkräftigen Ehemann die führende Rolle in der Politik. Albert gelang es, den Part der konstitutionellen Monarchie als über den Parteien stehend festzulegen und die Krone wieder beliebt zu machen. Der Prinzgemahl widmete sich auch den sozialen Problemen der Arbeiterklasse, denen Viktoria weniger Aufmerksamkeit einräumte. Der Schwerpunkt ihrer Interessen lag auf der Außenpolitik und dem Militär. Im Grunde fungierte das königliche Paar als Doppelspitze, was nach außen hin verschleiert werden musste.

Alberts Tod an Typhus im Dezember 1861 traf Viktoria schwer. Die untröstliche, an Depressionen leidende Königin zog sich jahrelang fast völlig aus dem öffentlichen Leben zurück. Nach außen hin entstand dadurch der Eindruck, dass sie untätig sei. Dies brachte ihr viel Kritik ein und wirkte sich auch negativ auf das Ansehen der Monarchie aus. Die »Witwe von Windsor« trug von nun an nur noch Witwentracht und trieb zeitlebens einen wahren Kult um ihren verstorbenen Gatten. Wenige Jahre später sorgte jedoch ihre enge Bindung zu ihrem schottischen Diener John Brown für Getuschel und abfällige Kommentare. Spöttisch wurde Viktoria als »Mrs. Brown« tituliert, was ihrem Ruf als trauernder Witwe abträglich war. Trotz ihrer Zurückgezogenheit ließ sich die Königin über alle Regierungsmaßnahmen detailliert unterrichten und hielt mit ihren Ansichten nicht zurück, wenn ihr der jeweilige politische Kurs missfiel. Ihrem hochgeschätzten Premierminister Disraeli drohte sie sogar mit ihrer Abdankung, als die britische Regierung im russisch-türkischen Konflikt (1877/1878) nicht nachdrücklich genug Stellung gegenüber Russland bezog.

Zu den herausragenden Ereignissen in den letzten 25 Jahren ihrer Regierungszeit gehörten Viktorias Erhebung zur Kaiserin von Indien am 1. Mai 1876 und der Erwerb der Suezkanal-Aktien für Großbritannien. An dem indischen Kaiserinnentitel war ihr bereits seit längerer Zeit sehr gelegen. Schon 1873 stellte sie gegenüber ihrem Privatsekretär Ponsonby fest: *»Ich bin eine Kaiserin und werde in normaler Unterhaltung manchmal Kaiserin von Indien genannt. Warum habe ich diesen Titel nie offiziell angenommen? Ich finde, ich sollte es tun, und ich wünsche, dass die Frage einmal untersucht wird.«* 1887 konnte die Monarchin ihr goldenes Thronjubiläum feiern, dessen Feierlichkeiten noch von jenen zum diamantenen Jubiläum 1897 übertroffen wurden. Gekrönte Häupter fehlten aber auf Wunsch der Königin beim 60. Jahrestag ihrer Krönung.

Durch die Einheirat ihrer Kinder, Enkel und Urenkel in die großen europäischen Königs- und Fürstenhäuser wurde sie zur »Großmutter Europas« und gewann so einen nachhaltig wirkenden dynastischen Einfluss auf die europäische Politik. Fatalerweise war Viktoria Überträgerin der gefährlichen Bluterkrankheit, einer Erbkrankheit, die über einige ihrer Nachkommen in das spanische, preußische, hessische und russische Herrscherhaus weitergegeben wurde.

Bis kurz vor ihrem Tod arbeitete sie an ihren umfangreichen Korrespondenzen. Am 22. Januar 1901 starb Königin Viktoria in den Armen ihres ältesten Enkels, des deutschen Kaisers Wilhelm II., in Osborne House auf der Insel Wight. Ihre Beerdigung wurde als mediales Großereignis zelebriert. Auf den Thron folgte ihr ältester Sohn Eduard VII. nach, dem sie die Monarchie als eine gefestigte, nationale Institution hinterließ. Die meisten ihrer Untertanen empfanden Viktorias Tod als einen tiefen Einschnitt. Lord Esher verlieh diesem Gefühl Ausdruck: *»Es ist, als begännen wir ein neues Leben in einer neuen Welt.«*

Das Königreich Hannover seit dem Ende der Personalunion

Wegen der unterschiedlichen Thronfolgeordnungen endete mit dem Tod von König Wilhelm IV. die Personalunion zwischen Großbritannien und dem deutschen Stammland der Welfen. Da im Königreich Hannover männliche Erben Vorrang hatten, erhielt es 1837 einen neuen Landesherrn in der Person des Herzogs Ernst August von Cumberland, des nächstjüngeren Bruders des verstorbenen Monarchen. Erstmals seit 1714 wurde die Residenzstadt Hannover damit wieder Sitz eines regierenden Herrschers. Der in der Bevölkerung beliebte Herzog Adolph Friedrich von Cambridge, der seit 1831 als Vizekönig fungiert hatte, ging nach London zurück.

Bereits kurze Zeit nach dem Regierungsantritt von Ernst August kündigte sich unmissverständlich der politische Kurs an, den der durch und durch erzkonservative König zu fahren gedachte. Am 1. November 1837 schaffte Ernst August die relativ moderne Verfassung des Königreichs aus dem Jahr 1833 ab, indem er sie für ungültig erklärte. Vor allem hatte ihn an ihr die Zusammenlegung der königlichen Domänenkasse mit der ständischen Generalsteuerkasse gestört, worin er eine unzulässige Beeinträchtigung königlicher Rechte sah. Hannover kehrte zum Verfassungszustand von 1819 zurück. Dieser staatsstreichartige Schritt des Königs zeitigte den Protest von sieben namhaften Professoren der hannoverschen Landesuniversität Göttingen, zu denen u. a. die Brüder Jakob und Wilhelm Grimm gehörten. Sie betrachteten die Aufhebung des Staatsgrundgesetzes als Verfassungsbruch der Krone. Als ihre Protestschrift an die Öffentlichkeit gelangte, hatte dies ihre Amtsenthebung und die Landesverweisung für drei der Professoren zur Folge. Die Verfassungsangelegenheit des Königreichs Hannover wurde nicht nur zu einem der wichtigen politischen Ereignisse des Vormärz und förderte die liberale Bewegung in Deutschland, sondern erregte auch in Großbritannien und Frankreich Beachtung. Der Kampf um die Verfassung verlieh Hannover das Gepräge eines reaktionären Staates. Zu einer Galionsfigur der staatsgrundgesetzlichen Oppositionsbewegung im Königreich wurde der Osnabrücker Bürgermeister und Landtagsabgeordnete Johann Carl Bertram Stüve, der im Namen seiner Stadt eine Beschwerde gegen den Verfassungsbruch beim Deutschen Bund einreichte. Die Verfassungsquerelen fanden erst 1840 ihr Ende mit dem Landesverfassungsgesetz. Zwar wurde damit gegenüber 1833 die Kassenvereinigung rückgängig gemacht und die begrenzte Ministerverantwortlichkeit beseitigt, aber immerhin behielt die Ständeversammlung das Recht der Steuerbewilligung. Auch bei der Zusammensetzung der Ständeversammlung folgte die neue Verfassung dem Staatsgrundgesetz. Zu den aus Sicht des Königs wesentlichen Änderungen gehörten die Bestimmungen über die Thronfolge und das Eintreten einer Regentschaft. Durch den Ausschluss von körperlichen Gebrechen als Hinderungsgrund für die Thronfolge stand die Blindheit des Kronprinzen nicht mehr dessen Regierungsnachfolge im Wege.

Die Revolution von 1848, die ihren Ursprung in Frankreich hatte, führte im Königreich Hannover bei einem weitgehend friedlichen Verlauf zu einer Liberalisierung. Vor dem Hintergrund der Vorkommnisse in Wien und Berlin vollzog König Ernst August eine politische Kehrtwende und ernannte ein gemäßigt liberales Ministerium. Gegen den Widerstand seines Sohnes Georg, der konservativer als er selbst war, kam es zu wichtigen Reformen und zu einer Verfassungsänderung. Es wurden die Presse- und Versammlungsfreiheit, die Glaubens- und Gewissensfreiheit, die Abschaffung der

Standesvorrechte des Adels, der Ausbau der bürgerlichen Selbstverwaltung in den Gemeinden, die Trennung von Legislative und Exekutive, die Öffentlichkeit der Ständeversammlung, die Ministerverantwortlichkeit sowie die Einführung einer einheitlichen Staatskasse festgeschrieben. Die Bereitschaft der hannoverschen Regierung, Souveränitätsrechte zugunsten einer gesamtdeutschen Zentralgewalt aufzugeben, was auch zu den Märzforderungen gehörte, war dagegen gering. Bis zu Ernst Augusts Tod im November 1851 wurde die Reformpolitik grundsätzlich weitergeführt. So wurde etwa das Justizwesen durch die Einführung von Geschworenengerichten und eine erneuerte Justizorganisation weiterentwickelt und erhielt dadurch Vorbildcharakter für Deutschland.

Unter dem neuen König Georg V. setzten, wie in den meisten anderen deutschen Staaten bereits früher, wieder stark restaurative Tendenzen ein. Der Monarch hing einer völlig unzeitgemäßen Idee von einem Königtum von Gottes Gnaden an. Mit einer solchen Vorstellung ließen sich daher weder eigenverantwortlich handelnde Minister, eine mitentscheidende Volksvertretung noch bürgerliche Emanzipationsbestrebungen verbinden. Um dem monarchischen Prinzip wieder mehr Geltung zu verschaffen, strebte Georg V. schon bald ein persönliches Regiment an. Mithilfe des Deutschen Bundes gelang es, viele der liberalen Errungenschaften in Hannover seit 1848 aufzuheben. 1855 kehrte das Königreich durch eine Verfassungsrevision zu den Verfassungsverhältnissen von 1840 zurück. Gegen die politische Opposition ging die Regierung mit polizeistaatlichen Mitteln vor. In dem agrarisch geprägten Land artikulierte sich die Missstimmung weniger im Zusammenhang mit den ständigen Regierungskrisen und der wiederholt praktizierten Auflösung der Ständeversammlung, sondern über eine Frage der evangelischen Kirche. Als die im April 1862 verordnete Einführung eines neuen Katechismus im

Sinne der Orthodoxie für einen tumultuarischen Volksprotest sorgte, wurde wenige Monate später auf dessen zwangsweise Einführung verzichtet.

Auf außenpolitischem Gebiet überschätzte König Georg V. Hannovers Möglichkeiten gegenüber den anderen deutschen Staaten. Bis 1866 lavierte das Königreich zwischen den beiden deutschen Vormächten Preußen und Österreich. Um jegliche Einbuße an eigenstaatlicher Souveränität zu verhindern, kam für Georg keine Reform des Deutschen Bundes infrage. Als der Streit Preußens und Österreichs um die seit 1864 gemeinsam verwalteten Länder Schleswig und Holstein sowie um eine Bundesreform eskalierte, stimmte Hannover dem Antrag Österreichs auf Mobilisierung des Bundesheeres gegen Preußen zu. Trotz der sehr realen Gefahr einer Besetzung durch Preußen lehnte Georg V. *»als Christ, Monarch und Welf«* das ultimativ vorgebrachte preußische Bündnisangebot vom 15. Juni 1866 ab. Nicht zuletzt wegen der preußischen Bundesreformpläne befürchtete der König einen herben Souveränitätsverlust. Das auf einen Krieg nicht vorbereitete Land stand zu diesem Zeitpunkt ohne wirkliche Verbündete da. Es war weder ein Bündnis mit Österreich eingegangen noch bestanden diplomatisch-militärische Absprachen mit den süddeutschen Staaten. Noch während der letzten Verhandlungen am 15. Juni begann der Einmarsch preußischer Truppen, die bereits am 17. Juni die Hauptstadt Hannover besetzten. Die hannoversche Armee, deren Mobilmachung übereilt und improvisiert erfolgt war, zog sich nach Süden zurück. Nach dem mit hohen Verlusten erkauften Erfolg gegen die preußischen Truppen in der Schlacht von Langensalza in Thüringen am 27. Juni 1866 musste die erschöpfte hannoversche Armee, die dabei überproportional viele Offiziere verloren hatte und vor allem unter massivem Munitionsmangel litt, zwei Tage später kapitulieren. König Georg V. und Kronprinz Ernst August, die ihre Truppen begleitet hatten, erhielten freien Abzug und entschieden sich am Ende dafür, mit ihrem Gefolge nach Wien zu gehen.

Mit dem preußischen Sieg über das österreichische Hauptheer in der Schlacht von Königgrätz am 3. Juli wurde Hannovers Schicksal endgültig besiegelt. Der Prager Frieden vom 23. August 1866 beendete Österreichs alte Vormachtstellung in Deutschland, aus dem es ausschied. Die Habsburgermonarchie musste der Auflösung des Deutschen Bundes sowie der Neuordnung Deutschlands unter preußischer Führung zustimmen. Es akzeptierte damit sowohl den von Preußen initiierten Norddeutschen Bund als auch dessen Annexionen in Norddeutschland. Während Österreich und die süddeutschen Staaten weitgehend geschont wurden, verleibte sich Preußen außer Schleswig-Holstein die Staaten Hannover, Kurhessen und Nassau sowie die Freie Reichsstadt Frankfurt am Main ein. Hauptsächlich durch die Annexion Hannovers am 20. September bzw. 1. Oktober 1866 und dessen Eingliederung in sein Staatsgebiet sicherte sich Preußen die unangefochtene Führung im Norddeutschen Bund. Außer König Georg V. von Hannover wurden auch der hessische Kurfürst Friedrich Wilhelm und Herzog Adolf von Nassau entthront. Diese Absetzung legitimer Dynastien war durchaus ein revolutionärer Akt. In seinem Manifest vom 23. September 1866 bezeichnete Georg V. die Einverleibung seines Königreichs als »*eine unwürdige Usurpation*« und eine »*flagrante Verletzung der europäischen Verträge und des Völkerrechts*«. Sein Protest blieb wirkungslos und fand keinerlei Unterstützung durch die europäischen Großmächte. Zum Ende des Königreichs Hannover trugen sicherlich nicht allein die Expansionsbestrebungen Preußens und die von seinem Ministerpräsidenten Otto von Bismarck entwickelten deutschen Nationalstaatsvorstellungen bei, sondern auch König Georgs realitätsferne und starre Politik.

Bis zur deutschen Reichsgründung 1871 versuchten der entmachtete König und seine Exilregierung von Österreich aus, eine Restauration des Welfenstaates zu erreichen. In einer Rede aus Anlass seiner Silberhochzeit im Februar 1868 forderte Georg öffentlich eine Wiedererrichtung seiner Herrschaft. Neben einer Zeitschrift in Frankreich, die gegen die preußische Politik polemisierte, unterhielt er zwischen 1867 und 1870 die sogenannte Welfenlegion, eine kleine Freiwilligentruppe im Ausland, die in einem baldigen Krieg Frankreichs gegen Preußen zum Einsatz kommen sollte. Die Finanzierung dieser ganzen Aktivitäten wurde ihm erschwert, als Preußen wegen des fortwährenden hannoverschen Widerstands der welfischen Königsfamilie die im September 1867 ausgehandelte großzügige Abfindung verweigerte und ihr Privatvermögen beschlagnahmte. Mit den Zinsen aus diesen im sogenannten Welfenfonds verwalteten Geldern wurde u. a. die welfische Bewegung rigoros bekämpft. Im Frühjahr 1868 leitete Preußen außerdem juristische Maßnahmen gegen führende Mitglieder der hannoverschen Exilregierung und der Welfenlegion in die Wege. Sie wurden in Abwesenheit des Hochverrats angeklagt. So wurde beispielsweise Adolf Ludwig Karl Reichsgraf von Platen-Hallermund, einstiger hannoverscher Minister und nunmehriger Berater Georgs V. im Exil, vom Staatsgerichtshof in Berlin am 8. Juli 1868 wegen seiner Tätigkeit zugunsten der Welfenlegion zu fünfzehn Jahren Zuchthaus verurteilt.

In der preußischen Provinz Hannover existierte weiterhin hauptsächlich in den altwelfischen Kernlanden eine große Anhänglichkeit an das ehemalige Herrscherhaus. Mit dem Verlust der Eigenständigkeit fanden sich viele Bürger nicht ab. Als symbolisches Zentrum des Widerstands wurde zunächst Königin Marie betrachtet, die das Land nicht verlassen hatte, sondern auf der Marienburg bei Hannover wohnte. Erst 1867 folgte sie ihrem Ehemann Georg V. auf preußischen Druck hin ins österreichische Exil. Aus einem 1869 gegründeten Wahlverein entwickelte sich die

Deutsch-Hannoversche Partei, die eine Wiederherstellung des Königreichs Hannover unter der welfischen Dynastie anstrebte. Die Hochburgen der konservativ-lutherisch geprägten »Welfenpartei« lagen in den ländlichen Gebieten. Bis in die Zeit der Weimarer Republik war die Partei mehrfach im Reichstag vertreten. Nach 1918/19 kämpfte sie erfolglos für einen reichsunmittelbaren Staat Hannover. Schon stark an Bedeutung verloren, löste sich die Partei 1933 selbst auf, um einer Zerschlagung durch die Nationalsozialisten zuvorzukommen. Hannover blieb bis 1945 eine preußische Provinz.

Ernst August

* 1771 in London
† 1851 in Hannover
König von Hannover

König Ernst August, Hannovers erster Herrscher nach dem Ende der Personalunion mit Großbritannien, wurde am 5. Juni 1771 als fünfter Sohn des britischen Königs Georg III. und dessen Gemahlin Charlotte von Mecklenburg-Strelitz geboren. Nach der üblichen Erziehung durch Hauslehrer wurde der von Kindesbeinen an schwer beeinflussbare Prinz von seinem Vater im Sommer 1786 gemeinsam mit seinen beiden jüngeren Brüdern August Friedrich und Adolph Friedrich zum Studium nach Göttingen geschickt. Auf diese Weise sollten die Bande zwischen der welfischen Dynastie und ihren Stammlanden verstärkt werden. Auf Wunsch König Georgs III. sollte Ernst August hier in erster Linie auch Deutsch lernen, dessen Grammatik er allerdings zeitlebens nie richtig beherrschte.

Nach dem Abschluss seines Studium generale 1791 begann der Prinz seine militärische Laufbahn als Dragoneroffizier bei der hannoverschen Armee. Dies entsprach ganz seinen Wünschen: »*Meiner Meinung nach ist das Leben eines Soldaten das beste und schönste in der Welt.*« Obwohl er kurzsichtig war, erwies er sich als hervorragender Reiter und treffsicherer Schütze. Im Ersten Koalitionskrieg gegen das revolutionäre Frankreich wurde der kühn und begeistert Kämpfende in der Schlacht von Tournai im Mai 1794 ernsthaft verwundet. Die hässlichen Narben, die er dadurch auf der linken Wange davongetragen hatte, bemühte er sich später mithilfe üppiger Koteletten zu verbergen. Vor allem war seitdem die Sehkraft seines linken Auges stark beeinträchtigt. Dies war seiner weiteren militärischen Karriere in der hannoverschen bzw. britischen Armee nicht hinderlich, wenngleich er sich nach 1796 zu seinem großen Kummer nicht mehr aktiv an den Kämpfen gegen Frankreich beteiligen durfte. 1798 stieg Ernst August zum Generalleutnant und 1803 zum General auf, bevor er schließlich im November 1813 zum Feldmarschall ernannt wurde. Militärische Haltung kennzeichnete lebenslang sein Auftreten. Im Gegensatz zu seinen korpulenten Brüdern blieb er ein schlanker, fast hagerer Mann.

Seit Prinz Ernst August im Jahr 1799 von seinem Vater Georg III. der Titel eines Herzogs von Cumberland verliehen worden war, gehörte er dem britischen Oberhaus an. Der von Jugend an reaktionäre Herzog entwickelte sich zu einer der führenden Figuren der Hochtories und war der erklärte Feind jeder liberalen Neuerung. So bekämpfte er etwa 1828 erbittert die rechtliche Gleichstellung der Katholiken. Auch die Wahlrechtsreform von 1832 versuchte er zu verhindern. Sein ausgesprochen scharfer, dabei oft schneidender Witz sowie sein beißender Spott waren gefürchtet. Sein Bruder Wilhelm stellte daher fest: »*Ernst ist kein schlechter Kerl, aber wenn jemand ein Hühnerauge hat, kann man sicher sein: Er wird darauf treten.*« Mit seinem unnachgiebigen Verhalten zog sich Ernst August die Feindschaft der Whigs zu, die ihn zum unpopulärsten Prinzen der jüngeren Geschichte abstempelten. Wiederholt lehnte das Parlament die Erhöhung seiner Apanage ab. Als dermaßen unbeliebte, ja verabscheute Persönlichkeit in Großbritannien wurden ihm zahlreiche Schandtaten, einschließlich Mord, Inzest und Vergewaltigung, sehr wahrscheinlich zu Unrecht angelastet.

Seine standesgemäße Heirat verbesserte keineswegs die Situation für ihn. Im Mai 1813 hatte der Herzog seine attraktive Cousine Friederike von Mecklenburg-Strelitz, die einst auch sein Bruder Adolph Friedrich gerne geheiratet hätte, in Deutschland kennengelernt und sich sozusagen augenblicklich in sie verliebt. Als er die zweimal verwitwete Prinzessin,

die aus ihren früheren Ehen bereits mehrere Kinder hatte,
im Mai 1815 in Neustrelitz heiratete, ging Ernst August eine
echte Neigungsehe ein, was zu Beginn des 19. Jahrhunderts
im europäischen Hochadel eher eine Ausnahme darstellte.
Seine Mutter, Königin Charlotte, war wegen des leichtsinni-
gen Lebenswandels ihrer Nichte gegen diese Verbindung.
Sie weigerte sich deshalb standhaft, die unerwünschte
Schwiegertochter bei Hofe zu empfangen. Der Aufenthalt
in Großbritannien wurde dem von Hof und Gesellschaft
isolierten Paar zusätzlich verleidet durch die unfreundliche
Haltung des britischen Parlaments, das dem Herzog die
Erhöhung seiner verhältnismäßig bescheidenen Apanage
trotz Eheschließung abschlug. Ernst August zog es daher
zwischen 1818 und 1829 vor, mit seiner Familie in Berlin zu
leben, wo freundschaftlich enge Kontakte zur preußischen
Königsfamilie bestanden. Er schloss sich außerdem den
erzkonservativen Politikern in der preußischen Hauptstadt
an. In Berlin kam 1819 auch sein einziges überlebendes Kind,
sein Sohn Georg, zur Welt.

Als sein älterer Bruder König Wilhelm IV., der keine legitimen Nachkommen hinterließ, am 20. Juni 1837 verstarb,
wurde Ernst August im Alter von 66 Jahren König von Hannover, da das hier geltende Erbrecht die männliche Erbfolge
bevorzugte. In Großbritannien bestieg dagegen Prinzessin
Viktoria den Thron. Jahrelang hatten übrigens viele Briten den
verhassten Herzog von Cumberland verdächtigt, Mordpläne
gegen seine junge Nichte zu schmieden, um selbst in den Ge-
nuss der britischen Königswürde zu gelangen. Ernst August
kam nun als Monarch nach Hannover, in dem er 1813 so gerne
Statthalter geworden wäre. Seine damalige Zurücksetzung
gegenüber dem jüngeren Bruder Adolph Friedrich hatte ihn
mit Bitterkeit erfüllt. Das Land erhielt mit ihm einen politisch
erfahrenen, aber ultrakonservativen Herrscher. Unmissverständlich sprach er bereits in seiner Antrittsproklamation
vom 5. Juli 1837 aus, dass er sich nicht an die hannoversche

Verfassung von 1833 gebunden fühle: »*Ich verwerfe nichts, und auch annehme nichts.*« Tatsächlich hob er nur wenige Monate später die relativ freiheitliche Verfassung auf, die Hannover in eine konstitutionelle Monarchie umgewandelt hatte. Schon in ihrer Entstehungsphase hatte er zahlreiche Bedenken gegen diese Verfassung vorgebracht, in der er die königlichen Rechte beeinträchtigt sah. Vor allem der Protest von sieben Göttinger Professoren, darunter die beiden Brüder Grimm, gegen diese Aufhebung sorgte für Aufsehen, das weit über die Grenzen des Königreichs hinausging. Der König entließ sie daraufhin umgehend. Drei von ihnen mussten zudem das Land verlassen. Die Auseinandersetzungen um die Verfassung fanden erst ein Ende, als Ernst August im August 1840 eine neue Verfassung einführte. Diese Verfassung schränkte im Gegensatz zum Staatsgrundgesetz von 1833 das ständische Budgetrecht und die Gesetzgebungskompetenz der Stände ein. Es gab keine Ministerverantwortlichkeit mehr, und die Vereinigung der General- und der Domänenkasse wurde wieder aufgehoben. Außerdem galten körperliche Gebrechen nicht mehr als Hinderungsgrund für die Thronfolge. Auf diese Weise sicherte Ernst August seinem einzigen Sohn Georg, der als Kind erblindet war, die Regierungsnachfolge. Gleichwohl verstummte die Diskussion über Georgs Eignung als Regent nicht. Zu dieser rückwärtsgewandten Politik des Königs passte auch, dass an seinem Hof ein strenges höfisches Zeremoniell herrschte und ein exklusiver Charakter gepflegt wurde.

Während der Revolution von 1848/49 zeigte sich Ernst August hingegen erstaunlicherweise als ein Meister in der Kunst des politisch Machbaren. Durch sein umsichtiges, pragmatisches Verhalten konnte der König die gefährliche Situation mittels Einlenken und Zugeständnissen in den Griff bekommen. Er berief ein gemäßigt liberales Ministerium, in dem sein langjähriger politischer Kontrahent, der Osnabrücker Bürgermeister Johann Carl Bertram Stüve, als

Innenminister fungierte. Mit der Landesverfassung von 1848 unterzeichnete Ernst August die freiheitlichste Verfassung in ganz Deutschland. Dank seiner Zustimmung zu einer Reihe fortschrittlicher Reformgesetze blieben dem Königreich Hannover Unruhen und radikale Ausschreitungen erspart. Sein Entgegenkommen endete allerdings dort, wo Hannovers Eigenstaatlichkeit auf dem Spiel stand. Souveränitätsrechte zugunsten der deutschen Einheitsbestrebungen aufzugeben, war der König nicht bereit. Als sich der österreichisch-preußische Gegensatz in dieser Frage 1850 zu einem Krieg wegen des kurhessischen Verfassungskonflikts auszuweiten drohte, musste er sich den Vorstellungen seines Märzministeriums beugen, das eine strikt neutrale Haltung Hannovers durchsetzte. Auch nach der Entlassung des Märzministeriums im Oktober 1850 setzte die neue Regierung die Reformpolitik weitgehend fort.

Anders als in Großbritannien gelang es Ernst August, im Laufe der Jahre im Königreich Hannover bei einem Großteil der Bevölkerung an Popularität zu gewinnen. Durch seine zahlreichen Inspektionsreisen, auf denen er sich über die Entwicklung der heimischen Wirtschaft und über den Stand des Agrarwesens sowie über die Stimmung im Land informierte, war der Monarch gerade für die Landbevölkerung, die sonst kaum in die Haupt- und Residenzstadt Hannover kam, eine präsente Erscheinung geworden. Als positiv wurde gewertet, dass er einmal wöchentlich öffentliche Audienzen abhielt, zu denen jedermann Zutritt erhielt. Bei diesen Gelegenheiten konnten die jeweiligen Anliegen dem leutselig-patriarchalisch auftretenden Landesherrn direkt unterbreitet werden. Als König Ernst August am 18. November 1851 starb, wurde er daher unter großer öffentlicher Anteilnahme in dem von ihm erbauten Welfenmausoleum im Herrenhäuser Berggarten neben seiner bereits 1841 verstorbenen Gemahlin Friederike beigesetzt, der er zeitlebens innig verbunden war und deren Tod ihn tief getroffen hatte.

Friederike von Mecklenburg-Strelitz

* 1778 in Hannover
† 1841 in Hannover
Königin von Hannover

Friederike Karoline Sophie Alexandrine kam am 2. März 1778 als vierte und jüngste Tochter des späteren Herzogs Karl II. von Mecklenburg-Strelitz und dessen erster Gemahlin Friederike von Hessen-Darmstadt im Alten Palais in Hannover zur Welt. Ihr Vater war zu diesem Zeitpunkt Gouverneur von Hannover. Nach dem frühen Tod seiner beiden Ehefrauen entschied sich Herzog Karl dafür, seine Töchter Therese, Luise und Friederike seiner Schwiegermutter, Landgräfin Luise Albertine, zur Erziehung anzuvertrauen. Im Frühjahr 1786 kamen die Prinzessinnen nach Darmstadt, wo sie eine unbeschwerte Kindheit und Jugend bei ihrer warmherzigen Großmutter erlebten. Mit höfischer Etikette wurden sie kaum behelligt. Friederikes Ausbildung beschränkte sich weitgehend auf das Erlernen der französischen Sprache sowie auf einige Grundkenntnisse in Geographie, Geschichte und Literatur.

Im März 1793 erregte Friederike zusammen mit ihrer zwei Jahre älteren Schwester Luise bei einer geschickt arrangierten Begegnung im Frankfurter Theater das Interesse des Königs Friedrich Wilhelm II. von Preußen. Der von den anmutigen und liebenswürdigen Prinzessinnen entzückte Monarch sah in ihnen geeignete Ehefrauen für seine Söhne Friedrich Wilhelm und Ludwig. Während sich Kronprinz Friedrich Wilhelm in Luise verliebte, zeigte sich sein jüngerer Bruder gegenüber Friederike gleichgültig. Zwei Tage nach der Hochzeit ihrer Schwester wurde am 26. Dezember 1793 Friederikes Heirat mit Prinz Ludwig in Berlin gefeiert.

Die beiden Schwestern standen sich weiterhin nahe, was sich auch in ihrem Doppelstandbild widerspiegelt, das König Friedrich Wilhelm II. in Auftrag gab. Diese berühmte Prinzessinnengruppe, die der Bildhauer Johann Gottfried Schadow zwischen 1795 und 1797 schuf, gilt als ein Hauptwerk der klassizistischen Plastik und befindet sich heute in der Berliner Nationalgalerie. Während Luise eine erfüllte Ehe führte, verlief Friederikes Verbindung dagegen unglücklich, da sich ihr Ehemann trotz dreier gemeinsamer Kinder kaum für sie interessierte. Die lebenslustige Prinzessin suchte daher Ablenkung in Flirts und sorgte mit ihrer Liaison mit dem Prinzen Louis Ferdinand von Preußen, einem Cousin des preußischen Königs, für einen Skandal und reichlich Gesprächsstoff. Ihre freudlose Ehe endete bereits Ende Dezember 1796, als ihr Mann einer Diphtherie-Erkrankung erlag. Schon im Alter von achtzehn Jahren wurde Friederike somit Witwe.

Nachdem sich 1797 eine Ehe mit Herzog Adolph Friedrich von Cambridge, mit dem sie sich heimlich verlobt hatte, nicht realisieren ließ, wandte sich Friederike einem ihrer anderen Verehrer zu. Wohl am 10. Dezember 1798 wurde der mittellose Prinz Friedrich Wilhelm zu Solms-Braunfels in aller Stille ihr zweiter Ehemann. Der Prinz bewahrte sie mit der Heirat vor einer drohenden Kompromittierung, die ihre bis dahin vor dem preußischen Hof verheimlichte Schwangerschaft ausgelöst hätte. Indem sich der Gardeoffizier zu seiner eher fraglichen Vaterschaft bekannte und Friederike heiratete, erhoffte er sich als nunmehriger Schwager des seit 1797 regierenden Königs Friedrich Wilhelm III. wohl bessere Karrierechancen in der preußischen Armee, was sich als Trugschluss erwies.

Das Paar musste Anfang 1799 Berlin verlassen und sich in Ansbach niederlassen, wo Solms wieder bei seinem alten

Regiment zu dienen hatte. Die Vormundschaft über die Kinder aus Friederikes erster Ehe ging auf König Friedrich Wilhelm III. über. Die im Februar 1799 geborene Tochter starb nur wenige Monate später. Die ursprüngliche Liebesheirat entwickelte sich zum Desaster. Der verbitterte und streitsüchtige Solms, der zu Depressionen neigte, entpuppte sich als schwieriger Partner. Den Unterhalt der anwachsenden Familie musste Friederike weitgehend aus den Mitteln bestreiten, die ihr Friedrich Wilhelm III. als jährliche Pension ausgesetzt hatte. Trotz ihrer problematischen Ehe lehnte sie zunächst den Vorschlag ihrer Familie ab, sich scheiden zu lassen.

Im Mai 1813 lernte die 35 Jahre alte Friederike den noch unverheirateten Herzog Ernst August von Cumberland, den älteren Bruder des Herzogs von Cambridge, in Neustrelitz kennen. Für ihn war es Liebe auf den ersten Blick. Noch Jahre später erinnerte er sich an den ersten tiefen Eindruck, den seine Cousine bei ihm hinterließ: *»Es ist mir so frisch in Erinnerung, wie wenn es gestern gewesen wäre. Ich sehe dich oben auf der Treppe, und in diesem Augenblick spielte die Kapelle eine Serenade. Welch ein herrlicher Abend! Wie die Blumen dufteten! Ich kann wahrlich sagen, dass dies der schönste und glücklichste Augenblick meines Lebens war.«* Herzog Karl II., der eine Ehe seiner Tochter mit dem englischen Prinzen als wünschenswert betrachtete, traf noch im Herbst eine Übereinkunft mit dem preußischen König wegen einer Scheidung Friederikes von dem Prinzen zu Solms-Braunfels. Da alle Parteien mit diesem Schritt einverstanden waren, wurde eine Konsensscheidung am 30. Dezember 1813 bzw. 9. Januar 1814 möglich. Das Sorgerecht für die vier überlebenden Kinder aus dieser Ehe sollte an Friederike gehen. Durch den plötzlichen Tod von Solms am 13. April 1814 durch einen Schlaganfall galt die Prinzessin offiziell als verwitwet. Einer neuen Ehe stand nach dem Trauerjahr und der endlich erfolgten Zustimmung des englischen Parlaments nichts mehr im Wege. Am 29. Mai

1815 konnten Friederike und der Herzog von Cumberland in Neustrelitz heiraten. Glücklich schrieb sie von ihrer *»Dankbarkeit gegen Gott, der mir die Liebe eines herrlichen Menschen geschenkt hat.«*

Weniger positiv sahen ihren Ehemann dessen zahlreiche Gegner im britischen Parlament. Sie verwehrten dem unbeliebten Herzog die ihm nach der Hochzeit zustehende Erhöhung der Apanage. Besonders ungünstig wirkte sich für Friederike in England jedoch die Ablehnung aus, die ihr die britische Königin Charlotte entgegenbrachte. Sie weigerte sich beharrlich, ihre Nichte und Schwiegertochter Friederike bei Hofe zu empfangen, die in ihren Augen keine »gute Partie« darstellte. Empört über die Behandlung seiner Schwägerin stellte der preußische König in einem Brief an die Königin im April 1817 in seinem etwas sonderbar verknappten Sprachstil fest: *»Die andern auch nichts nutz sein, die andern kein Haar besser sein.«* Das Herzogspaar von Cumberland zog es schließlich vor, 1818 nach Berlin zu übersiedeln, wo es bis 1829 blieb. Die preußische Hauptstadt war für Friederike immer ihr bevorzugter Aufenthaltsort gewesen. Hier kam 1819 das einzige überlebende Kind aus ihrer dritten Ehe, der spätere König Georg V. von Hannover, zur Welt. Auch den zweiten Aufenthalt in England, der bis 1833 dauerte, empfand Friederike als wenig angenehm. Sie fühlte sich fremd und sehnte sich nach Berlin zurück. Die Augenkrankheit ihres Sohnes Georg, der 1832 völlig erblindet war, belastete sie zudem schwer.

Nach dem kinderlosen Tod König Wilhelms IV. am 20. Juni 1837 folgte diesem seine Nichte Viktoria auf den Thron des Vereinigten Königreichs nach. Da in Hannover das salische Erbfolgerecht galt, endete damit die seit 1714 bestehende Personalunion zwischen Großbritannien und Hannover. Herzog Ernst August von Cumberland wurde König von Hannover. Offiziell hielt sich Friederike ganz von der Politik fern. In Wirklichkeit aber war sie eine wichtige

Vertraute ihres Ehemannes, dessen strikt konservative Ansichten sie offenbar teilte und den sie in seinen politischen Entscheidungen unterstützte. Um Hannover das Ansehen und die Würde einer königlichen Residenzstadt zu verleihen, bemühte sie sich um die repräsentative Umgestaltung des Residenzschlosses und führte eine strenge Hofetikette ein. Daneben widmete sie sich karitativen Anliegen. Die schon länger kränkelnde Friederike starb am 29. Juni 1841 in jenem Zimmer in Hannover, in dem sie vor 63 Jahren zur Welt gekommen war. König Ernst August stellte tief getroffen fest: *»Ich kann wohl sagen, dass ich nur für sie lebte. Ich fand in ihr die zärtlichste Frau, die aufrichtigste, die ich um alles befragte, mit der ich über alles sprach und die mir immer die besten Ratschläge gab, denn sie war ohne Eigennutz.«* Er ließ von seinem Hofbaumeister Georg Ludwig Friedrich Laves ein Mausoleum für seine Gemahlin und sich im Berggarten von Herrenhausen errichten, das später als Grablege der Welfen diente. Der Bildhauer Christian Daniel Rauch, der einst das Grabmal für Friederikes Schwester Luise geschaffen hatte, schuf auch den Sarkophag für die jüngere der Schwestern.

Die Göttinger Sieben

Zum Nutzen seines Kurfürstentums gründete Georg II. in Göttingen eine eigene Landesuniversität. Als treibende Kraft bei der Realisierung dieses wichtigen Projekts agierte der fähige hannoversche Minister Gerlach Adolph Freiherr von Münchhausen. Am 13. Januar 1733 wurde in Wien das kaiserliche Privileg für die zu gründende Universität ausgestellt, das für die Anerkennung der juristischen Abschlüsse unerlässlich war. Obwohl der Philosoph Samuel Christian Hollmann bereits am 14. Oktober 1734 die erste Vorlesung in einem zum Hörsaal umgestalteten Getreidespeicher hielt, erfolgte die offizielle Einweihung der Universität erst am 17. September 1737 im Rahmen von viertägigen Feierlichkeiten.

Rasch etablierte sich die nach ihrem fürstlichen Stifter Georgia Augusta benannte Hochschule als moderne, vom Geist der Aufklärung getragene Universität, in der das traditionelle Primat der Theologie abgeschafft war. Es wirkte sich dabei positiv aus, dass der hannoversche Minister Münchhausen, der beinahe 40 Jahre lang das Wohl der noch jungen Universität im Auge hatte, ausgesprochen geschickt bei der Auswahl des Lehrpersonals vorging. Großen Anteil am Aufstieg der Hochschule zu einer universitären Bildungseinrichtung von ausgezeichnetem Ruf und internationaler Bedeutung hatte zudem die 1751 gegründete Göttinger Akademie der Wissenschaften. Die großzügig von Münchhausen geförderte Bibliothek setzte mit ihrem Katalogsystem Maßstäbe und entwickelte sich zu einer Universalbibliothek, die entgegen gängiger Praxis auch bald den Studenten offen stand.

Nach dem Ende der napoleonischen Epoche führte das Zeitalter der Restauration im neugeschaffenen und vergrößerten Königreich Hannover wie in vielen anderen deutschen Staaten auch zu einer Wiederherstellung der überkommenen, in weiten Teilen überlebten Ordnung. 1819 erhielt das Königreich zwar eine aus zwei Kammern bestehende Ständeversammlung, doch wurde ihr nur eine beratende Stimme bei der Gesetzgebung zugestanden. Als Reaktion auf die Pariser Julirevolution von 1830 kam es in Göttingen Anfang 1831 zu Protesten gegen die wirtschaftlichen und politischen Verhältnisse im Königreich, jedoch ohne echte revolutionäre Züge. Bereits nach wenigen Tagen brach die »Göttinger Revolution«, der sogenannte »Privatdozentenaufstand«, vor der Androhung militärischer Gewalt in sich zusammen. Beunruhigt über die Ereignisse veranlasste die Regierung in Hannover im September 1833 die Proklamation einer schriftlich fixierten Verfassung. Das Staatsgrundgesetz gewährte Bürgern und Bauern bescheidene Mitwirkungsrechte beim Haushalt in der Ständeversammlung. Die Kronlande wurden auf den Staat übertragen. Hannover wandelte sich zu einer konstitutionellen Monarchie. Herzog Ernst August von Cumberland, Bruder König Wilhelms IV. und präsumtiver Thronfolger, der als ultrakonservativ bekannt war, war bewusst nicht weiter in diese Reformpolitik eingebunden worden.

Mit dem Tod des erbenlosen Königs Wilhelm IV., der das Staatsgrundgesetz unterzeichnet hatte, endete 1837 die Personalunion zwischen Großbritannien und Hannover. Der neue König von Hannover, Ernst August, dem die liberale Verfassungsentwicklung missfiel, vertagte nicht nur bereits einen Tag nach seiner Ankunft in Hannover, am 29. Juni 1837, die Ständeversammlung, sondern ordnete auch wenig später eine Überprüfung der Verfassung an. Am 1. November 1837 erklärte Ernst August per Dekret das Staatsgrundgesetz für aufgehoben. Begründet wurde dieser staatsstreichartige Schritt damit, dass Wilhelm IV. die Rechte der Stände bei der Verabschiedung der Verfassung durch nachträglich vorgenommene, einseitige Abänderungen verletzt habe.

Außerdem habe die Zustimmung des jetzigen Königs in seiner Eigenschaft als Thronfolger gefehlt. Die hannoverschen Beamten wurden von ihrem Verfassungs-, nicht aber von ihrem Treueid gegenüber dem König entbunden. Überdies wurde angekündigt, dass der vorkonstitutionelle Ständelandtag einberufen werden sollte. Per Kabinettsverordnung forderte der König am 14. November von allen Staatsbediensteten einen Gehorsams- und Treueid auf seine Person.

Der königliche Verfassungsbruch bewog sieben Göttinger Professoren zum Protest. Unter Federführung des seit 1829 an der Georg-August-Universität lehrenden Juristen und Historikers Friedrich Christoph Dahlmann, der an der Abfassung des Staatsgrundgesetzes von 1833 wesentlich beteiligt gewesen war, unterzeichneten noch sechs weitere angesehene Professoren der Universität eine auf den 18. November 1837 datierte Protestnote an das Universitätskuratorium in Hannover. Außer Dahlmann unterschrieben der Jurist Wilhelm Eduard Albrecht, die Germanisten und Bibliothekare Jacob und Wilhelm Grimm, der Orientalist und Theologe Georg Heinrich August Ewald, der Physiker Wilhelm Weber und der Historiker Georg Gottfried Gervinus. Sie fühlten sich weiterhin der Verfassung aus Gewissensgründen verpflichtet: »*Wenn daher die unterthänigst Unterzeichneten sich nach ernster Erwägung der Wichtigkeit des Falles nicht anders überzeugen können, als daß das Staatsgrundgesetz seiner Errichtung und seinem Inhalte nach gültig sei, so können sie auch, ohne ihr Gewissen zu verletzen, es nicht stillschweigend geschehen lassen, daß dasselbe ohne weitere Untersuchung und Vertheidigung von Seiten der Berechtigten, allein auf dem Wege der Macht zu Grunde gehe.*« Stolz bekannten sie sich gegen Ende des Schreibens zu ihrem auf die Verfassung von 1833 abgelegten Eid. Tatsächlich hatte jedoch von den Sieben nur Gervinus den Eid geleistet. Offensichtlich waren sich die Unterzeichner nicht ganz darüber im Klaren, dass sie ihre Karrieren und ihr Einkommen aufs Spiel setzten.

Einige der Sieben gaben den Text der Protestnote weiter, sodass diese von Studenten und Nichtbeteiligten, die weitere Kopisten einspannten, innerhalb kurzer Zeit in großer Zahl vervielfältigt wurde. Die Texte wurden nicht nur an Freunde und Verwandte, sondern auch an Zeitungsredaktionen im In- und Ausland verschickt. Die Presse berichtete deshalb schon wenig später darüber. Da die Universitätsleitung die Weiterleitung des Schreibens in der Hoffnung verzögert hatte, die leidige Angelegenheit gütlich aus der Welt schaffen zu können, fühlten sich der König und die Regierung, denen der Text zu diesem Zeitpunkt offiziell noch nicht vorlag, durch die Veröffentlichung brüskiert. Ernst August empfand diese vorzeitige Verbreitung der Protestation nicht zu Unrecht als »*ein starkes Stück*«. Erst durch die Publizität der Göttinger Ereignisse sah er sich zu einem harten Durchgreifen herausgefordert.

Die sieben Professoren wurden vom Universitätsgericht verhört. Am 14. Dezember 1837 wurden sie auf königlichen Befehl entlassen. Mit der Verweigerung des Treu- und Huldigungseides aus Gewissensgründen hatten sich die Unterzeichner eigentlich quasi selbst ihres Amtes enthoben. Der König hatte darüber hinaus in einem Brief an den Prorektor die Anweisung erteilt, Friedrich Christoph Dahlmann, Jacob Grimm und Georg Gottfried Gervinus des Landes zu verweisen, weil sie an der Verbreitung der Protestation beteiligt gewesen waren. Die drei Dozenten hatten dies bei der Vernehmung zugegeben. Die Göttinger Professorenschaft zeigte sich in ihrer Reaktion gespalten, während die Studenten mehrheitlich Partei für die sieben entlassenen Professoren ergriffen. Die Entlassung bzw. Vertreibung der Professoren schadete dem Renommee der Universität, die zudem damals bereits von der Berliner Universität an Bedeutung überflügelt wurde. Mit dem Prestigeverlust gingen sinkende Studentenzahlen einher, was für die Bewohner der Stadt wirtschaftliche Einbußen mit sich brachte.

Mit ihrem Protest gegen die willkürliche Zurücknahme der Verfassung durch König Ernst August erwarben sich die sieben Professoren deutschlandweit viel Sympathie und Ansehen im liberalen Bildungs- und Besitzbürgertum – es dauerte nicht lange und es entstand der Mythos der Göttinger Sieben, in denen nicht nur die Zeitgenossen, sondern auch spätere Generationen Vorkämpfer für bürgerlich-demokratische Freiheitsrechte sahen. Noch im Dezember 1837 kam es zu ersten Geldspenden für die Sieben. Bis 1842 sammelte sich so die stattliche Summe von 22357 Reichstalern an. Schon unmittelbar nach dem Bekanntwerden des Protests lieferten sich Befürworter und Gegner dieser Aktion erbitterte publizistische Dispute, die die »öffentliche Meinung« beeinflussten. Neuen Auftrieb bekam die Diskussion 1838, als alle Unterzeichner bis auf Weber, der bereits bald seine Teilnahme an der Protestation bereute, Verteidigungsschriften veröffentlichten. 1848 gehörten vier der Professoren, nämlich Dahlmann, Albrecht, Jacob Grimm und Gervinus, folgerichtig der Frankfurter Nationalversammlung als Mitglieder an.

Die Auseinandersetzungen um die Verfassung des Königreichs Hannover fanden im August 1840 ihr Ende, als das Land eine neue geschriebene Verfassung erhielt, die zwar hinter den Errungenschaften von 1833 zurückblieb, insgesamt gesehen aber nicht so reaktionär ausfiel wie erwartet. Während der Revolution von 1848 zeigte sich König Ernst August, der durchaus nicht unpopulär bei vielen seiner Untertanen war, kompromissbereiter und akzeptierte einen vergleichsweise fortschrittlichen Verfassungstext, wodurch im Königreich Hannover Unruhen oder Aufstände unterblieben.

Georg V.

* 1819 in Berlin
† 1878 in Paris
König von Hannover

Georg V., der letzte König von Hannover, wurde am 27. Mai 1819 in Berlin geboren. Seine Eltern waren der damalige Herzog Ernst August von Cumberland und dessen Gemahlin Friederike von Mecklenburg-Strelitz. Der Herzog hatte sich wegen der ablehnenden Haltung, die seine Mutter, die britische Königin Charlotte, gegenüber seiner Ehefrau einnahm, und wegen der ihm vom britischen Parlament verweigerten Erhöhung seiner Apanage in der preußischen Hauptstadt niedergelassen. Erst seit 1828 verbrachte Georg, das einzige gemeinsame Kind des Herzogspaars, einen Teil seiner Kindheit und Jugendzeit in Großbritannien. Als nach dem Ende der Personalunion zwischen Großbritannien und Hannover im Jahr 1837 sein Vater als König Ernst August den Thron in Hannover bestieg, wurde aus Georg der Kronprinz von Hannover. Er blieb aber weiterhin auch Mitglied des britischen Königshauses.

Bereits in seiner Kindheit erblindete Georg völlig, was gravierende Auswirkungen auf sein späteres Herrscherleben haben sollte. Zunächst verlor er 1829 durch Krankheit das Augenlicht auf seiner linken Seite. 1832 zerstörte ein Unfall beim Spielen das Sehvermögen seines rechten Auges. Alle Anstrengungen seiner Eltern zur Rettung seines Augenlichts waren erfolglos. Bitter schrieb Georg daher in einem Gedicht 1842/43: *»Ich lebe noch und bin doch schon begraben/ Blind oder tot ist ziemlich einerlei.«* Er erhielt trotzdem eine sehr sorgfältige Erziehung. Dem begabten Prinzen kamen dabei sein hervorragendes Gehör und sein bemerkenswertes

Gedächtnis zugute. Aufgrund seiner Erblindung blieb für ihn die für Prinzen ansonsten obligatorische militärische Ausbildung mehr theoretischer Natur. Sein körperliches Gebrechen ließ sogar zeitweise seine Regierungsfähigkeit fraglich erscheinen. Solchen Diskussionen trat sein Vater mit aller Entschlossenheit entgegen. Er wollte unbedingt, dass ihm sein einziger Sohn auf dem hannoverschen Königsthron nachfolgen konnte. Im Gegensatz zu dem von Ernst August aufgehobenen Staatsgrundgesetz von 1833 kannte das neue Landesverfassungsgesetz von 1840 auf sein Betreiben hin körperliche Defekte als Ausschließungsgrund von der Regierung nicht. 1842 regelte ein Patent den Vollzug der Unterschrift des zukünftigen Königs unter Dokumente und Regierungsakten mithilfe von vereidigten Zeugen. Auf diesem Weg wurde ihm eine amtlich gültige Unterschrift ermöglicht. Um die Sukzessionsfähigkeit seines Sohnes zu unterstreichen, ließ ihn Ernst August seit 1843 an den Kabinettssitzungen teilnehmen. Als weitere Maßnahmen zur Rechtfertigung der Regierungsfähigkeit Georgs dienten seine beiden interimistischen Regierungsübernahmen während zweier längerer Abwesenheiten des Vaters.

Vielleicht trug die Blindheit dazu bei, dass sich bei dem Kronprinzen ein vergleichsweise wirklichkeitsfernes Weltbild herausbildete. Er vertrat eine übersteigerte Auffassung von der Stellung des welfischen Hauses. In seinem anachronistischen Glauben an das Gottesgnadentum des Herrschers fehlte ihm jedes Verständnis für die fortschrittlichen Ideen seiner Zeit. In seiner autokratischen Staatsauffassung wurde er nicht nur von seinem Vater beeinflusst, der sich als Herrscher aber letztlich als besonnener und flexibler als sein Sohn erwies, sondern vor allem auch von seinem ultrakonservativen Onkel Karl Friedrich zu Mecklenburg.

Am 18. Februar 1843 heiratete Georg aus persönlicher Neigung Prinzessin Marie von Sachsen-Altenburg. Aus der harmonischen Ehe stammten der Sohn Ernst August und die Töchter Friederike und Mary. Zum Missfallen von König Ernst August bevorzugte er ein eher bürgerliches, zurückgezogenes Familienleben. Entsprechend Georgs konservativer Weltanschauung spielte seine Gemahlin weder als Kronprinzessin noch als Königin eine politische Rolle. 1857 schenkte er ihr zum Geburtstag den Baugrund für eine Sommerresidenz im Leinebergland. Das dort im neugotischen Stil erbaute Schloss wurde nach ihr Marienburg benannt.

Als sein Vater am 18. November 1851 verstarb, folgte er ihm als König Georg V. auf den hannoverschen Thron nach. Zwar versprach er per Patent, an der im Zuge der Revolution von 1848 geänderten Landesverfassung festzuhalten, doch steuerte er zielbewusst einen reaktionären Kurs an. Mit der Hilfe seines Innenministers, des Grafen Wilhelm von Borries, der noch rückwärtsgewandtere Ansichten als der neue Monarch vertrat, hob er 1855 Hannovers liberale Verfassung auf und stellte damit den vormärzlichen Verfassungszustand weitgehend wieder her. Letztendlich bewirkte dies – trotz zahlreicher Repressalien – ein Erstarken des nationalen Liberalismus. Georgs fünfzehnjährige Regierungszeit war von wiederholtem Streit mit dem Landtag, häufigen Ministerwechseln und sechs verschiedenen Kabinetten geprägt. Der Monarch behielt sich alle Entscheidungen vor und gab immer mehr seiner Neigung nach, am Kabinett vorbei zu regieren. Nach eigenem Bekunden wollte er »*ganz König sein oder gar nicht*«. Sein wachsendes Misstrauen, nicht ausreichend von offizieller Seite informiert zu werden, leistete einer Günstlingswirtschaft Vorschub. Wesentlich positiver als sein politisches Handeln wirkte sich für Hannover seine Liebe zur Kunst und speziell zur Musik aus. Das Musikleben nahm durch seine Förderung von Oper und Theater einen großen Aufschwung. Er unterstützte die Aufführung von Werken so bedeutender zeitgenössischer Komponisten wie Hector Berlioz, Robert Schumann, Richard Wagner, Johannes Brahms und Heinrich Maschner. Auch selbst betätigte er sich als Komponist. Seine etwa 200 musikalischen Werke entstanden hauptsächlich zwischen 1837 und 1851. Daneben verfasste er auch zwei populärästhetische Schriften zur Musik.

Im Gegensatz zu seinem Vater, dessen Sympathien bei Preußen lagen, orientierte sich Georg V. in seiner Außenpolitik an Österreich. Unerschütterlich hielt er am Deutschen Bund und an der Sicherung der Bundesverfassung fest, die ihm ein Höchstmaß an einzelstaatlicher Souveränität zu garantieren schienen. Jegliche Reformvorschläge wies er zurück. Der deutschen Einheitsidee stand er verständnislos gegenüber. Seine Antipathien gegenüber dem Hohenzollernstaat bewogen ihn, im bevorstehenden Deutschen Krieg das preußische Ultimatum abzulehnen. Statt auf die geforderte unbewaffnete Neutralität Hannovers und damit auf den Bruch mit dem Deutschen Bund einzugehen, zog es Georg V. vor, sich den anderen deutschen Mittelstaaten anzuschließen. Als großer Fehler stellte es sich im Nachhinein heraus, dass er kein formelles Bündnis mit Österreich abschloss und sich nicht mit den süddeutschen Staaten auf eine gemeinsame militärische Strategie verständigte. Trotz der taktisch erfolgreichen, aber verlustreichen Schlacht der hannoverschen Truppen bei Langensalza in Thüringen am 27. Juni 1866 gegen preußische Verbände erfolgte bereits zwei Tage später gezwungenermaßen die militärische Kapitulation. Der König ging ins Exil nach Wien. Die von seiner Gemahlin Marie vorgeschlagene Abdankung zugunsten seines Sohnes Ernst August, die den Welfen vielleicht den Thron gerettet hätte, lehnte er strikt ab. Sein Königreich wurde am 20. September bzw. 1. Oktober 1866 annektiert und als Provinz Hannover in das Königreich Preußen eingegliedert. Während sich der österreichische Kaiser Franz Joseph bei den Friedensverhandlungen mit Erfolg für den Fortbestand seines Bündnispartners Sachsen einsetzte, rührte er hingegen für Hannover keinen Finger.

Von seinem österreichischen Exil aus, das erst in seinen letzten Lebensjahren gegen Frankreich ausgetauscht wurde, kämpfte Georg V. weiter gegen die preußische Annexion Hannovers, obwohl seine Appelle an die europäischen Großmächte verhallten. Er ließ in Frankreich die Zeitschrift »La Situation« herausgeben, die heftig die politische Lage in Deutschland attackierte, um so den Hass der Franzosen gegen ein preußischer werdendes Deutschland anzufeuern. 1866/67 ließ er eine kleine Privatarmee aus hannoverschen Flüchtlingen aufstellen, um im Falle eines deutsch-französischen Krieges an der Seite Frankreichs sein Königreich zurückerobern zu können. Diese »Welfenlegion« sorgte neben der von Wien aus betriebenen Agitation der hannoverschen Exilregierung dafür, dass sich der preußische Ministerpräsident Otto von Bismarck dazu herausgefordert fühlte, gegen diesen »Herd fortwährender feindlicher Umtriebe« vorzugehen. Preußen setzte die bereits zugesagte und großzügig bemessene finanzielle Entschädigung für Georg V. aus und beschlagnahmte sein Privatvermögen, um ihm die finanzielle Basis für seinen Aktionen zu entziehen. Die Gelder des sogenannten Welfenfonds wurden u. a. zur Bekämpfung der welfischen Opposition verwendet. Georg sah sich dadurch genötigt, die finanzielle Unterstützung der Legion einzustellen, die sich im Frühjahr 1870 auflöste.

Nach der deutschen Reichsgründung zog sich Georg V. ins Privatleben zurück, da ihm sämtliche Hoffnungen auf die Wiederherstellung des Königreichs Hannover genommen waren. An seinen Thronansprüchen hielt er aber fest. Am 12. Juni 1878 starb er in Paris an Knochentuberkulose. Auf Wunsch der Führer der welfischen Bewegung ließ ihn sein Sohn Ernst August mit Zustimmung der britischen Königin Viktoria in der St.-Georgs-Kapelle in Schloss Windsor beisetzen. Der einstige König bekam so die Aura eines vertriebenen Märtyrers. Zeitlebens gab auch Georgs Sohn, der neue Herzog von Cumberland, nie den Thronanspruch auf Hannover auf.

Der Welfenfonds

Um den Eingliederungsprozess der neuen Provinz Hannover in den preußischen Gesamtstaat zu befördern und den Widerstand der welfischen Bewegung zu überwinden, war der preußischen Regierung unter ihrem Ministerpräsidenten Otto von Bismarck daran gelegen, mit dem entthronten hannoverschen Königshaus zu einer Übereinkunft über dessen Entschädigung zu kommen. Bismarck befürwortete zu diesem Zweck eine großzügig bemessene Abfindung. In den Verhandlungen erreichten die Unterhändler des früheren hannoverschen Königs, Ludwig Windthorst, der einstige Justizminister und jetzige Rechtsberater des Monarchen, und Karl Erxleben, der ehemalige Finanzminister, dass der Vertrag entgegen den Wünschen von Preußen keinen förmlichen Thronverzicht Georgs V. und seiner Erben enthielt. Bismarck trat trotzdem für den Vertragsabschluss ein, da dieser realiter als eine Anerkennung der Annexion von 1866 ausgelegt werden konnte. Der Abfindungsvertrag vom 29. September 1867 gestand Georg V. das Eigentum an Schloss Herrenhausen bei Hannover nebst Zubehör und an der Domäne Calenberg zu und gewährte ihm eine jährliche Rente. Diese Rente bestand aus den Zinsen eines Abfindungskapitals in Höhe von 16 Millionen Talern, das als Ausgleich für die verloren gegangenen Einnahmen aus Domänen, Waldbesitz und oberlehnsherrlichen Rechten sowie als Ersatz für Schlösser, Gärten und Grundeigentum zu verstehen war. Das mobile Inventar der Schlösser sollte Georg V. verbleiben. Außerdem übernahm der preußische Staat die Auszahlung der vom hannoverschen König zugesicherten Pensionen. Das Privatvermögen von Königin Marie, zu dem die Marienburg samt Zubehör gehörte, sowie das Eigentum des Kronprinzen Ernst August und der

Prinzessinnen Friederike und Mary sollten nicht angerührt werden. Im Gegenzug zahlte Georg V. dafür hannoversche Staatsgelder in Höhe von 19 Millionen Talern zurück, die er 1866 nach England hatte verbringen lassen.

Bismarcks optimistische Annahme, dass eine ansehnliche Abfindung den Exilmonarchen dazu bewegen würde, nicht mehr öffentlich eine Restauration des welfischen Königreichs zu fordern, sondern ihn vielmehr dazu veranlassen würde, stillschweigend die Annexion zu akzeptieren, traf nicht ein. Der Welfe war weiterhin keineswegs bereit, sich in den Verlust seines Throns zu schicken. Es endete daher weder die welfische Presseagitation in Hannover und Frankreich noch löste Georg V. die sogenannte Welfenlegion auf. In der Hoffnung auf einen in naher Zukunft stattfindenden Krieg Frankreichs gegen Preußen bzw. gegen den unter preußischer Führung stehenden Norddeutschen Bund hatte der entthronte König nämlich 1867 Pläne betreffs heimlicher Rekrutierungen von hannoverschen Freiwilligen befürwortet. Es handelte sich dabei um Offiziere und Soldaten der früheren hannoverschen Armee sowie um Wehrpflichtige, die sich dem preußischen Militärdienst durch Flucht entzogen hatten. Sie schlossen sich zunächst in den Niederlanden, dann in der Schweiz zur Welfenlegion zusammen und hielten sich seit Januar 1868 in Frankreich auf. Georg V. wollte mit dieser Exilarmee, für deren Unterhalt und Ausrüstung er beträchtliche Summen Geldes aufbrachte, auf französischer Seite kämpfen und so wieder in den Besitz seines Königreichs und seines verlorenen Throns gelangen. Zwar umfasste diese Legion bloß etwa 700 bis 800 Mann und verkörperte somit keinen Augenblick lang eine wirkliche Gefahr für Preußen, doch allein als Symbol des welfischen Widerstands gegen die preußische Annexion stellte sie in den Augen Bismarcks eine fortwährende Bedrohung dar. Sie war nicht nur einer Integration Hannovers in den preußischen Staat hinderlich, sondern bildete auch einen Störfaktor für den absehbaren nationalen Einigungskrieg. Als

König Georg V. bei seiner Silberhochzeit am 18. Februar 1868 zudem öffentlich die baldige Wiederherstellung des Welfenstaates bekannt gab, fasste die preußische Regierung den Beschluss, den Abfindungsvertrag nicht in Kraft zu setzen. Per königlicher Notverordnung vom 2. März 1868 wurde das Vermögen des hannoverschen Königshauses bis auf Weiteres beschlagnahmt. Seine Zinserträge sollten dazu verwandt werden, die gegen Preußen gerichteten welfischen Aktivitäten zu überwachen und abzuwehren. Nicht die Aufrechterhaltung des Thronanspruchs, sondern der Versuch, ihn zu realisieren, veranlasste die Beschlagnahmung. Für die Erträgnisse des beschlagnahmten Kapitals wurde von der Regierung ein Dispositionsfonds eingerichtet, der sogenannte Welfenfonds. Tatsächlich hatte die Beschlagnahme zur Folge, dass Georg V. Anfang 1870 seine Finanzierung der Welfenlegion einstellen musste. Das Freikorps löste sich daraufhin auf und war beim Ausbruch des Deutsch-Französischen Krieges 1870/71 nicht mehr verfügbar.

In den Welfenfonds floss zusätzlich noch das Geld aus dem beschlagnahmten Vermögen des Kurfürsten Friedrich Wilhelm von Hessen-Kassel, der 1867 begonnen hatte, öffentlich gegen die Annexion seines Landes Protest einzulegen. Insgesamt summierten sich die Erträgnisse des beschlagnahmten Kapitals auf annähernd 1 Million Taler pro Jahr. Für die Verwaltung des Vermögens wurde eine Kommission unter dem Vorsitz des jeweiligen Oberpräsidenten der Provinz Hannover eingesetzt. Da der Welfenfonds keiner parlamentarischen Kontrolle unterstand, wurden die Vermögenserträge, obwohl die Abwehr welfischer »Umtriebe« der erklärte Zweck der Beschlagnahme war, unter großzügiger Erweiterung der Zweckbestimmung auch für andere Vorhaben verwandt. Die Zinserträge wurden somit unter strenger Geheimhaltung zur Einflussnahme auf die Presse im Sinne der Regierung und für Aufgaben des »Central-Nachrichten-Bureaus«, der Zentrale der politischen

Polizei in Berlin, herangezogen. Der für dieses Geld häufig gebrauchte Name »Reptilienfonds« leitet sich aus einer Rede Bismarcks vom 30. Januar 1869 im preußischen Abgeordnetenhaus ab. Er nannte die gegen Preußen arbeitenden Agenten *»bösartige Reptilien«*, die *»bis in ihre Höhlen hinein«* zu verfolgen seien, *»um zu beobachten, was sie treiben«*. Nach der Reichsgründung 1871 erhöhte sich der vom Auswärtigen Ressort beanspruchte Anteil am Geheimfonds wegen der sich jetzt ausweitenden Interessen der Reichspolitik enorm. Diente folglich ein Teil der Zinsen eindeutig politischen Absichten, so wurde ein anderer Teil der Zinsen für öffentliche Arbeiten und Bauvorhaben sowie für kulturelle Zwecke in den preußischen Provinzen Hannover und Hessen-Nassau benutzt. Auch Pensionen, Jahrgelder und andere vom hannoverschen Königshaus gegenüber Wohltätigkeitsvereinen und ähnlichen Institutionen eingegangene Verpflichtungen wurden auf den Fonds übernommen.

Zu den Empfängern von geheimen Leistungen aus dem Welfenfonds zählte mindestens ab 1873 der in ständigen Geldverlegenheiten befindliche bayerische König Ludwig II., in dem Bismarck seit Beginn des Kulturkampfs ein nützliches Bollwerk gegen die Ultramontanen in Süddeutschland sah. Bis 1885 erhielt der Monarch insgesamt etwa 5 Millionen Mark. Aus den Geldern finanzierte Ludwig II. beispielsweise den Erwerb der Herreninsel im Chiemsee. Obwohl der Wittelsbacher einerseits wenig Zuneigung für Preußen hegte und stets besorgt war, er könne irgendwann wie König Georg V. von Hannover mediatisiert werden, war er wie ehedem die Fürsten des Ancien Régime auf der anderen Seite an »Subsidien« interessiert, mit denen er seine kostspieligen Schlossbauten fortführen konnte.

Die Konfiszierung des welfischen Vermögens erregte nicht nur die Anhänger des hannoverschen Königshauses, sondern wurde auch von Kreisen, die nicht mit dem entthronten Herrscherhaus sympathisierten, als Unrecht angesehen.

Während nach dem Tod des Kurfürsten Friedrich Wilhelm die Beschlagnahme des hessischen Vermögens im Juli 1875 aufgehoben wurde, blieben die von unterschiedlichen Seiten mehrfach unternommenen Bemühungen wegen einer Freigabe des beschlagnahmten welfischen Vermögens bis zum Ende der Amtszeit Bismarcks erfolglos. Als Begründung dafür wurde immer wieder feindliches Verhalten welfischer Kreise angeführt. Da der einstige Kronprinz Ernst August von Hannover, der jetzt den Titel eines Herzogs von Cumberland führte, nach dem Tod seines Vaters König Georg V. im Juni 1878 den Anspruch auf Hannover eisern aufrechterhielt, zeichnete sich zunächst kein Kompromiss in Sachen Welfenfonds ab. Immerhin wurde im Mai 1879 eine Pension in Höhe von jährlich 240 000 Mark für die verwitwete Königin Marie von Hannover und ihre Töchter gewährt. Erst nach der Entlassung Bismarcks im Frühjahr 1890 bahnte sich eine Lösung an. Die Beschlagnahme wurde durch Kaiser Wilhelm II. aufgehoben, ohne dass der Herzog vom Cumberland einen ausdrücklichen Verzicht auf Hannover zu leisten hatte. Der Herzog versicherte allerdings in einem Schreiben an den Kaiser, dass er nichts gegen das Deutsche Reich unternehmen werde. Durch das Aufhebungsgesetz vom 10. April 1892 wurden die Zinsen auf das Vermögen freigegeben. Die Ausgleichssumme selbst wurde dem Welfenhaus nicht ausgezahlt, sondern als Schuldbuchforderung an den preußischen Staat eingetragen. Die Freigabe des gesamten Vermögens blieb somit einer späteren Vereinbarung anheimgestellt. Erst nach dem Untergang der Monarchie in Deutschland kam es zu einer endgültigen Regelung. Ein fast zehn Jahre dauernder Prozess gegen den preußischen Staat vor dem Reichsgericht in Leipzig endete 1933 mit der Herausgabe des Welfenfonds. Zudem konnte der ehemals regierende Herzog Ernst August von Braunschweig, ein Enkel des letzten hannoverschen Königs Georg V., erreichen, dass das durch Inflation verminderte Kapital des Fonds aufgewertet wurde.

Das Herzogtum Braunschweig

Das Herzogtum Braunschweig entstand 1814 als Nachfolger des einstigen Fürstentums Braunschweig-Wolfenbüttel. Dieser von der älteren Linie des welfischen Gesamthauses regierte, seit dem 18. Jahrhundert dynastisch und politisch aufs Engste mit dem benachbarten Königreich Preußen verbundene Staat war in den Napoleonischen Kriegen untergegangen. Im Herbst 1806 von französischen Truppen besetzt, war Braunschweig-Wolfenbüttel 1807 von Napoleon nach dem Frieden von Tilsit dem neu gegründeten Königreich Westphalen zugeschlagen worden. Auf dem Wiener Kongress wurde Braunschweig bei der Neuordnung Europas in seinen alten Grenzen und damit auch in seiner territorialen Zerrissenheit wiederhergestellt – es bestand aus den Landesteilen Braunschweig, Holzminden und Blankenburg sowie aus fünf Exklaven. Der seinerzeit durch Napoleon entmachtete Herzog Friedrich Wilhelm, der wieder Braunschweiger Landesfürst geworden war, fiel am 16. Juni 1815 an der Spitze seiner braunschweigischen Truppen in der Schlacht von Quatre-Bras, zwei Tage vor der Schlacht von Waterloo, die die napoleonische Ära endgültig beendete.

Friedrich Wilhelms noch unmündiger ältester Sohn und Nachfolger Karl II. stand zunächst unter der Vormundschaft seines Verwandten, des Prinzregenten und nachmaligen britischen Königs Georg IV., bevor er 1823 selbst die Regierung antreten konnte. Durch seine fehlende Bereitschaft, die Verfassung von 1820 und die Regierungsakte aus der Zeit der vormundschaftlichen Regierung anzuerkennen, verursachte er ebenso große Empörung wie durch seinen willkürlichen Herrschaftsstil und seine Prunksucht. Im September 1830 musste er vor einem Volksaufstand fliehen. Bei dem Aufruhr wurde das barocke Residenzschloss

in Braunschweig geplündert und in Brand gesetzt. Die
Revolution war offenbar von den führenden Kreisen des
Herzogtums gesteuert worden. Sie wussten sich wohl im
eigenen Interesse des Unmuts der Unterschichten über
Arbeitslosigkeit und steigende Lebensmittelpreise zu
bedienen, um den unbeliebten Herzog vom Thron zu ver-
treiben. Karl II. wurde 1831 sowohl von der Welfenfamilie
als auch vom Deutschen Bundestag für regierungsunfähig
erklärt. Sein jüngerer Bruder Wilhelm übernahm an seiner
Stelle die Regierungsgeschäfte mit Rückendeckung durch
Hannover und Preußen. Versuche Karls II., wieder in seine
alten Herrschaftsrechte eingesetzt zu werden, blieben wirkungslos. Als der exzentrische Herzog 1873 unverheiratet
in Genf starb, vermachte er sein beträchtliches Vermögen,
das er durch erfolgreiche Börsengeschäfte vermehrt hatte,
der Schweizer Metropole unter der Bedingung, ihm ein
prachtvolles Grabmal zu errichten.

Unter der Regierung von Herzog Wilhelm zählte das
Herzogtum Braunschweig zu den hervorragend verwalte-
ten deutschen Staaten. Im Oktober 1832 trat mit der Neuen
Landschaftsordnung eine relativ fortschrittliche Verfassung
in Kraft, die in ihren Grundzügen bis 1918 gültig blieb.
Zwar wurden die Rechte der Ständeversammlung aus-
gedehnt, das damit verbundene Wahlrecht war aber sehr
undemokratisch. Das zerstörte Braunschweiger Residenzschloss wurde ab 1833 auf Landeskosten wieder aufgebaut.
Gegenüber den beiden konkurrierenden Großmächten im
Deutschen Bund, Preußen und Österreich, verfolgte der
Kleinstaat lange Zeit eine Neutralitätspolitik. 1866 trat das
Herzogtum im Gegensatz zum Königreich Hannover noch
rechtzeitig der preußischen Allianz bei und sicherte sich so
seine formale Eigenständigkeit. Durch seine Zugehörigkeit
zum Norddeutschen Bund seit 1867 bzw. zum Deutschen
Kaiserreich 1871 verlor das Land allerdings eine Vielzahl
seiner Entscheidungskompetenzen auf dem Gebiet der

Militär-, Rechts-, Wirtschafts- und größtenteils auch der Steuerpolitik.

Als der unverheiratete Herzog Wilhelm am 18. Oktober 1884 ohne legitime Nachkommenschaft starb, erlosch mit ihm die ältere Welfenlinie. Erbberechtigt war nun die jüngere, die hannoversche Linie des Gesamthauses. An sich stand damit Herzog Ernst August von Cumberland als Chef des Hauses Hannover die Nachfolge auf dem Braunschweiger Thron zu. Da der Herzog jedoch an seinem Anspruch auf das Königreich Hannover, das Preußen 1866 annektiert und sich als Provinz einverleibt hatte, und auf diese Weise auch an dem Widerspruch seines Hauses gegen die Reichsgründung von 1871 festhielt, war er für Berlin nicht akzeptabel. Die Reichsführung ordnete deshalb bei der Todesnachricht aus Braunschweig umgehend an, dass die im Herzogtum stehenden Truppen dem Oberbefehl eines preußischen Generals unterstellt wurden. Für den Fall, dass der Herzog von Cumberland versuchen sollte, seine Anrechte vor Ort persönlich einzufordern, sahen Geheimbefehle vor, dass er festzunehmen und in Magdeburg zu internieren sei. Auf Betreiben Preußens, das auf die reichsfeindliche Haltung des Herzogs von Cumberland verwies, erging im Juli 1885 der Bundesratsbeschluss, »daß die Regierung des Herzogs von Cumberland in Braunschweig, da derselbe sich in einem dem reichsverfassungsmäßig gewährleisteten Frieden unter Bundesgliedern widerstreitenden Verhältnisse zu dem Bundesstaate befindet, und im Hinblick auf die von ihm geltend gemachten Ansprüche auf Gebietsteile dieses Bundesstaats, mit den Grundprinzipien der Bündnisverträge und der Reichsverfassung nicht vereinbar sei«. Angesichts der zu erwartenden Probleme und aus Sorge vor einer Einverleibung durch Preußen hatte das Herzogtum Braunschweig bereits 1879 ein Regentschaftsgesetz erlassen. Seit dem Tod von Herzog Wilhelm führte daher ein fünfköpfiger Regentschaftsrat die Regierungsgeschäfte. Mit dem Spruch des Bundesrats stand fest, dass ein Regent gewählt

werden musste. Die braunschweigische Landesversammlung entschied sich aus diesem Grunde im Oktober 1885
für Prinz Albrecht von Preußen, einen Neffen des Kaisers
und preußischen Königs Wilhelm I., als Regenten des Herzogtums.

Als der wenig populäre Prinz Albrecht im September 1906
starb, stand die braunschweigische Thronfolgefrage erneut
offen. Der Herzog von Cumberland war weiterhin nicht zu
einem definitiven Verzicht auf Hannover und zur Anerkennung der Reichsverfassung bereit. Er bot allerdings an, dass
er und sein ältester Sohn Georg Wilhelm auf die Thronfolge
in Braunschweig zugunsten seines jüngeren Sohnes Ernst
August zurücktreten würden. Da die Reichsleitung in Berlin
und mit ihr der Bundesrat aber auf dem vollständigen Verzicht aller Mitglieder des Hauses auf Hannover bestanden,
wählte die Landesversammlung Herzog Johann Albrecht zu
Mecklenburg im Mai 1907 zum Regenten von Braunschweig.
Der Mecklenburger verstand seine Stellung von Anfang an
als Statthalterschaft für die erbberechtigten Welfen.

Eine Änderung der rechtlich umstrittenen Situation kündigte sich an, als nach dem tödlichen Unfall von Herzog
Georg Wilhelm im Mai 1912 sämtliche welfischen Anwart-
schaften dessen jüngerem Bruder Ernst August zufielen und
dieser 1913 die Kaisertochter Viktoria Luise heiratete. Durch
die damit erfolgte Wiederannäherung zwischen den Häusern Hannover und Hohenzollern wurde eine Herrschaft
der Welfen im Herzogtum Braunschweig möglich. Unterstützt wurde die Versöhnungsbereitschaft des Kaiserhauses
durch den Wunsch, das konservative Lager in Deutschland
durch den Abbau der welfisch-preußischen Spannungen zu
stärken. Nachdem die Bundesratsbeschlüsse von 1885 und
1907 aufgehoben worden waren, wurde der hannoversche
Erbprinz Ernst August am 1. November 1913 Herzog von
Braunschweig. Einen offiziellen Verzicht auf Hannover
musste er, wie bisher stets gefordert, im Vorfeld nicht leisten.

Durch seinen Eintritt 1908 in das bayerische und 1913 in das preußische Heer und den dabei abgelegten Fahneneid galt seine militärische Loyalität und seine Bereitschaft, die Reichsverfassung vorbehaltlos anzuerkennen, bereits als hinlänglich bewiesen.

Für die weitere historische Entwicklung spielte die dynastische Versöhnung zwischen den Welfen und Hohenzollern keine wirklich wichtige Rolle mehr. An Bedeutung gewann vielmehr die deutlich zutage tretende Reformunwilligkeit der politisch Verantwortlichen im Herzogtum Braunschweig. Herzog Ernst Augusts kurze Regierungszeit von fünf Jahren blieb nur ein vom Ersten Weltkrieg überschattetes Intermezzo. Sein im letzten Moment gemachtes Zugeständnis des allgemeinen und gleichen Wahlrechts konnte den Zusammenbruch des alten Systems und der Monarchie 1918 nicht mehr aufhalten. Die mehrhundertjährige Geschichte der Welfenherrschaft endete am 8. November 1918 endgültig, als Ernst August nach kurzer Bedenkzeit für sich und seine Nachkommen vor dem örtlichen Arbeiter- und Soldatenrat abdankte. Aus der kurzlebigen Sozialistischen Republik Braunschweig wurde im Januar 1922 der Freistaat Braunschweig mit einer demokratischen Verfassung.

Ernst August

* 1887 in Penzing bei Wien
† 1953 auf Schloss
Marienburg in
Pattensen
Herzog von Braunschweig

Der letzte regierende Monarch aus dem Hause Hannover kam am 17. November 1887 als dritter und jüngster Sohn des ehemaligen Kronprinzen von Hannover, Ernst August, Herzog von Cumberland, und der Prinzessin Thyra von Dänemark im österreichischen Exil zur Welt. Seine Kindheit verlebte der Prinz weitgehend in Gmunden im Salzkammergut, wo sich sein Vater mit Schloss Cumberland einen repräsentativen Wohnsitz errichtet hatte. Ernst Augusts Ausbildung lag wie allgemein üblich in den Händen von Privatlehrern.

Zum bisherigen Konfliktstoff zwischen den Welfen und Hohenzollern wegen der 1866 erfolgten Annexion Hannovers durch Preußen trat ab 1884 noch zusätzlich der Streit um die braunschweigische Sukzessionsfrage. Als mit Herzog Wilhelm von Braunschweig die ältere Linie der Welfen ausstarb, meldete der Herzog von Cumberland als Haupt der jüngeren Linie des Gesamthauses der Welfen seine Erbansprüche an. Da er aber nicht bereit war, gleichzeitig seinen Thronanspruch auf das Königreich Hannover aufzugeben, wurde er 1885 vom deutschen Bundesrat auf preußischen Antrag hin von der Nachfolge in Braunschweig ausgeschlossen. Stattdessen wurde von der braunschweigischen Landesversammlung ein Regent zur Wahrung der Unabhängigkeit des kleinen Landes eingesetzt. Ähnliches wiederholte sich 1907, als wegen des Todes des Regenten die

Nachfolgefrage wieder aktuell wurde, obwohl dieses Mal der Herzog von Cumberland anbot, dass er selbst und sein ältester Sohn Georg Wilhelm auf die Thronfolge in Braunschweig zugunsten seines Sohnes Ernst August verzichten würden.

Als Georg Wilhelm von Cumberland am 20. Mai 1912 bei einem Autounfall bei Nackel in der Mark Brandenburg tödlich verunglückte, veranlasste Kaiser Wilhelm II. nicht nur eine militärische Ehrenwache, sondern ließ auch zwei seiner Söhne in der Dorfkirche Totenwache halten. Um den persönlichen Dank des Welfenhauses für diese demonstrative Anteilnahme abzustatten, kam Prinz Ernst August als einziger noch lebender Bruder des Verunglückten Ende Mai 1912 an den Potsdamer Hof, den seit 1866 kein Welfe mehr betreten hatte. Er lernte bei dieser Gelegenheit die einzige Tochter Wilhelms II., Prinzessin Viktoria Luise, kennen. Durch zahlreiche diplomatische Initiativen und dank der Vermittlung des Prinzen Max von Baden wurde diese beidseitige Neigungsheirat in die Wege geleitet, die schon vor der Begegnung des Paars als wünschenswerte Möglichkeit zur Lösung politischer Probleme erschien. Bereits 1908 hatte Ernst August durch seinen Eintritt als Offizier in ein bayerisches Kavallerieregiment und mit seinem dabei geleisteten Fahneneid kundgetan, dass die Welfen bereit waren, die deutsche Reichsverfassung anzuerkennen.

Mit der Heirat von Ernst August und Viktoria Luise am 24. Mai 1913 kam es zu einer Wiederannäherung zwischen den beiden Fürstenhäusern, die sich seit 1866 im »Kriegszustand« befanden. Die glanzvolle Hochzeitsfeier in Berlin, zugleich ein Höhepunkt dynastischer Familienpolitik, stellte das letzte große Zusammentreffen des europäischen Hochadels vor dem Ausbruch des Ersten Weltkrieges dar. Bereits kurz nach der Bekanntgabe der Verlobung schwor Ernst August dem Kaiser und preußischen König einen Treueid und wurde im Mai 1913 zum Rittmeister im Zieten-Husarenregiment befördert, in dem schon sein Großvater und sein Urgroßvater Oberste gewesen waren.

Nachdem der Herzog von Cumberland zugunsten seines Sohnes auf seine Ansprüche auf das Herzogtum Braunschweig verzichtet hatte, hob der Bundesrat am 27. Oktober 1913 seine Beschlüsse von 1885 und 1907 auf und ebnete damit für Ernst August, der dabei nicht ausdrücklich auf Hannover verzichten musste, den Weg zur Thronfolge in Braunschweig. Im Vorfeld hatte Ernst August verärgert über die vorausgegangenen Auseinandersetzungen an seine Frau geschrieben: *»Wenn man von einem deutschen Fürsten erst so viel Eide und Ehrenworte verlangt, daß er sein Vaterland auch wirklich nicht zertrümmern und zu Grunde richten will, bevor er zur Regierung kommt, dann pfeife ich auf den Fürsten, der da zur Regierung kommen will.«* Am 1. November nahm Ernst August das Herzogtum formell in Besitz. Dies stellte eine eindrucksvolle Rehabilitation der welfischen Dynastie dar. Gemeinsam mit seiner jungen Ehefrau, der er letztlich in mancher Hinsicht den Thron verdankte, zog der neue Herzog von Braunschweig zwei Tage später unter dem Jubel der Bevölkerung feierlich in der Residenzstadt Braunschweig ein. Nach der Regierungsübernahme bereiste das Herzogspaar zunächst das Herzogtum, um sich persönlich bekannt zu machen. Dank der braunschweigischen Verfassung von 1832 besaß der Herzog keine starke Stellung gegenüber der Ständeversammlung. Ernst August, der auf sein Amt völlig unvorbereitet war, blieben keine größeren Aufgaben. Der letzte große Staatsakt im Herzogtum am Vorabend des Ersten Weltkrieges war im Mai 1914 die Taufe von Erbprinz Ernst August. Insgesamt gingen vier Söhne und eine Tochter aus der Ehe des Herzogspaars hervor. Nur Tochter Friederike, die 1938 den späteren griechischen König Paul I. heiratete, gelangte auf einen Thron.

Im Ersten Weltkrieg erfolgte Ernst Augusts Beförderung zum Generalmajor. Anfänglich wurde er als Meldeoffizier in der Etappe in Belgien und Frankreich eingesetzt. Seine Tätigkeit behagte ihm jedoch nicht: »*Habe in meinem ganzen Leben noch nicht so eine dumme Rolle gespielt, wie hier*«, teilte er seiner Frau mit. Zwar hatte er bei Kriegsausbruch die Regentschaft über das Herzogtum für die Zeit seiner Abwesenheit an Viktoria Luise übertragen, doch kam dies kaum zum Tragen, da sich der Herzog seit Anfang 1915 bloß noch sporadisch an der Front aufhielt, um dort die braunschweigischen Truppen zu besuchen. Er zog es vor, sich in seiner Residenz den Amtsgeschäften zu widmen. Die aussichtslose militärische Lage und die katastrophale Versorgungssituation entluden sich seit 1916/17 in Streiks, 1918 in revolutionären Unruhen. Die mangelnde Reformbereitschaft der Verantwortlichen förderte die politische Polarisierung im Herzogtum. Als in Braunschweig die Revolution ausbrach, traf diese Entwicklung den Herzog offenbar unvorbereitet. Als erster deutscher Fürst dankte der wenig ambitionierte Ernst August am 8. November 1918 für sich und seine Nachkommen ab. Zusammen mit seiner Familie floh er vor der Novemberrevolution nach Österreich zu seinen Eltern.

In den 1920er-Jahren lebte Ernst August in Gmunden ein zurückgezogenes Leben als Privatmann. Seit 1921 führte er mehrere Prozesse gegen das Deutsche Reich und den Freistaat Braunschweig. Im Wege der Fürstenabfindung kam es 1925 zu einer Einigung mit Braunschweig. Der Rechtsstreit um den Welfenfonds, aus dem seit 1923 keine Zinsen mehr gezahlt worden waren, endete 1933. Das Gericht sprach ihm eine Erstattung von acht Millionen Reichsmark zu. Da mit dem Tod seines Vaters 1923 das Fideikommiss aufgelöst wurde, durch das bisher große Teile des Familienvermögens unveräußerlich und unteilbar gebunden waren, konnte der in wirtschaftliche Bedrängnis geratene Erbe nun Kunstwerke und Antiquitäten aus altem Welfenbesitz verkaufen.

1933 verlegte die herzogliche Familie ihren Hauptwohnsitz wieder nach Deutschland, weil die Verwaltung des
ausgedehnten Grund- und Immobilienbesitzes von Österreich aus schwierig zu bewältigen war. Ernst August bezog
mit Frau und Kindern Schloss Blankenburg im Harz, das
zu seiner Abfindung gehört hatte. Als Ende des Zweiten
Weltkrieges die russische Besetzung drohte, flüchtete er mit
seinen Angehörigen nach Schloss Marienburg in der Nähe
von Hannover, das zum neuen Lebensmittelpunkt wurde.
Den Umzug, bei dem ein großer Teil des beweglichen Besit-
zes mitgenommen werden konnte, organisierte die britische
Armee. In den Nachkriegsjahren widmete er sich neben
dem wirtschaftlichen Wiederaufbau zusammen mit seiner
Ehefrau sozialen Belangen. Sie gründeten 1951 die Niedersächsische Kinderfreiplatzspende, die bedürftigen Kindern
aus dem Salzgittergebiet und Westberlin Ferienaufenthalte
ermöglichte. Am 30. Januar 1953 starb Ernst August auf
Schloss Marienburg.

Viktoria Luise von Preußen

* 1892 in Potsdam
† 1980 in Hannover
Herzogin von Braunschweig

Braunschweigs letzte Herzogin Viktoria Luise kam am 13. September 1892 im Potsdamer Marmorpalais zur Welt. Sie war die einzige Tochter und das jüngste Kind des deutschen Kaiserpaars Wilhelm II. und Auguste Viktoria. Im Gegensatz zu den sechs Brüdern entwickelte das temperamentvolle Mädchen, das im Familienkreis »Sissy« genannt wurde, eine enge Bindung zum Vater. Sie wurde sein Lieblingskind. Immer wieder haderte die kleine Viktoria Luise, die lieber ein Junge geworden wäre, mit dem ihr vorgegebenen Rollenbild einer Prinzessin. Ebenso wenig sagte ihr das Leben im Fokus der Öffentlichkeit zu: *»Es hat mich als Kind oft geärgert oder gar gequält, dieses Nie-allein-sein-können, das Wissen, stets Zuschauer zu haben.«* Ihr Privatunterricht richtete sich auf Wunsch ihrer Eltern nach dem Lehrplan einer höheren Mädchenschule. Seit ihrer Konfirmation im Herbst 1909 galt sie als Erwachsene, was sich auch in ihrer Ernennung zur Regimentschefin des 2. Leibhusarenregiments ausdrückte.

Am 11. Februar 1913 erfolgte ihre Verlobung mit Prinz Ernst August von Hannover, dem jüngsten Sohn des einstigen Kronprinzen von Hannover und nunmehrigen Herzogs von Cumberland. Die beiden jungen Leute hatten sich im Jahr zuvor kennen- und lieben gelernt. Der Welfenprinz war im Frühjahr 1912 nach dem tödlichen Autounfall seines älteren Bruders Georg Wilhelm in der Mark Brandenburg nach Potsdam gekommen, um sich bei Wilhelm II. im Namen seiner im österreichischen Exil lebenden Eltern für dessen große Anteilnahme an dem schweren Schicksalsschlag zu bedanken. Nachdem Preußen 1866 das Königreich Hannover annektiert hatte, hatte kein Welfe mehr den preußischen Hof betreten. Ab 1884 wurde das Verhältnis der Welfen zu den Hohenzollern noch zusätzlich durch die braunschweigische Thronfolgefrage belastet. Seit dem Aussterben der älteren Linie der Welfen in Braunschweig pochte der Herzog von Cumberland als Chef der jüngeren Linie auf sein dortiges Sukzessionsrecht, was Preußen 1885 und 1907 zu verhindern gewusst hatte. Für Viktoria Luise wurde das Zusammentreffen mit Prinz Ernst August zum Schlüsselerlebnis; denn für sie war es »*Liebe auf den ersten Blick*«. Der gut aussehende Welfe hinterließ einen bleibenden Eindruck bei ihr. Dank der Unterstützung durch hilfsbereite Verwandte stimmten die Familienoberhäupter schließlich einer Heirat zu. Die Eheschließung von Viktoria Luise und Ernst August am 24. Mai 1913 beendete den jahrzehntelangen Konflikt zwischen dem Haus Hannover und den Hohenzollern. Die unter großer Prachtentfaltung in Berlin gefeierte Hochzeit stellte für den Hochadel Europas zugleich eines der letzten gesellschaftlichen Großereignisse vor dem Ersten Weltkrieg dar, der mit dem Untergang einer Vielzahl der alten Monarchien endete. Die Vermählung wurde überdies zu einem Medienereignis, da erstmals Vorkommnisse rund um eine Fürstenhochzeit mittels Filmkameras festgehalten wurden.

Nach der Hochzeit kam es zu einer endgültigen Einigung über den Braunschweiger Herzogthron, der mit der Übernahme durch Prinz Ernst August wieder an die Welfen gelangte. Anfang November 1913 konnte das junge Herzogspaar in die Residenzstadt Braunschweig übersiedeln, wo ihm die Bevölkerung einen begeisterten Empfang bereitete. Neben den obligatorischen Repräsentationsauftritten engagierte sich Viktoria Luise im karitativen Bereich. Ihrer wichtigsten dynastischen Aufgabe kam sie bereits im März 1914 nach, als sie den Erbprinzen Ernst August zur Welt brachte: »*Wir alle waren überglücklich, daß es ein Junge war, nicht zuletzt mein lieber, alter Schwiegervater, der dem Ereignis besondere Bedeutung zumaß, weil er und mein Mann bis dahin die einzigen männlichen Mitglieder des Welfenhauses waren.*« Im Ersten Weltkrieg vertrat die Herzogin ihren Ehemann während seiner Abwesenheit an der Front zeitweise als Regentin. Zwischen 1914 und 1918 musste sie aber nur zwei Verordnungen unterzeichnen, sonstige politische Aktivitäten entwickelte sie nicht. Sie widmete sich hauptsächlich der Betreuung verwundeter Soldaten, für die sie u. a. ein Lazarett in Räumen des Residenzschlosses einrichten ließ. Außerdem wurde Viktoria Luise Schirmherrin zahlreicher Wohltätigkeitsorganisationen und setzte sich vor allem für die Kleinkinderfürsorge ein, da die Kindersterblichkeit durch die miserable Versorgungslage im Krieg stark zunahm.

Die lediglich fünf Jahre dauernde Regierungszeit ihres Ehemannes endete im November 1918, als sich Ernst August durch die revolutionären Ereignisse in Braunschweig zur Abdankung genötigt sah. Die Herzogsfamilie verließ fluchtartig die einstige Residenz und ging ins Exil nach Gmunden am Traunsee in Oberösterreich. Trotz finanzieller Unsicherheit empfand Viktoria Luise die folgenden Jahre wegen ihres Familienglücks als die schönsten ihres Lebens. Im November 1933 kehrte die herzogliche Familie, die inzwischen fünf Kinder, vier Söhne und eine Tochter, umfasste, nach Blankenburg am Harz zurück, wo das dortige Schloss zu ihrem Hauptwohnsitz wurde. Zum NS-Regime hatte das Herzogspaar ein eher zurückhaltendes Verhältnis. Verbindungen zu Widerstandskreisen gab es offenbar jedoch auch nicht. Ein letztes großes Fest vor dem Ausbruch des Zweiten Weltkrieges war die Hochzeit von Tochter Friederike, die 1938 den späteren griechischen König Paul I. in Athen heiratete. 1945 floh die Familie vor den sowjetischen Truppen nach Schloss Marienburg bei Hannover.

In den Nachkriegsjahren betätigte sich Viktoria Luise wieder verstärkt auf sozialem Gebiet. Sie nahm sich der Heimatvertriebenen an und fungierte mit viel Elan als Protektorin der Niedersächsischen Kinderfreiplatzspende, einem 1951 gegründeten und bis 1954 bestehenden Feriendienst für bedürftige Kinder aus dem Salzgittergebiet und Berlin. Der Tod ihres Ehemannes im Januar 1953 bedeutete eine tiefe Zäsur für sie. Wegen familiärer Auseinandersetzungen verließ Viktoria Luise 1956 Schloss Marienburg und übersiedelte in eine angemietete Villa nach Braunschweig-Riddagshausen. Die ehemalige Herzogin, deren Apanage knapp bemessen war, fand Rückhalt bei ihrem Braunschweiger Freundeskreis und genoss in der Bevölkerung große Popularität. Mit viel Einsatz, wenn auch vergebens demonstrierte sie 1960 gegen den Abriss der Ruine des Braunschweiger Residenzschlosses. Vor allem wohl zur Verbesserung ihrer angespannten finanziellen Lage veröffentlichte sie zwischen 1965 und 1977 sechs Erinnerungsbände über ihr »an Ereignissen reiches Leben« und ihre Familie sowie einen Bildband zur Kaiserzeit. Es ist jedoch nicht ganz klar, ob sie die Bücher selbst verfasst hat oder ob sie von ihrem Verleger Leonhard Schlüter, einer politisch umstrittenen Persönlichkeit in Göttingen, geschrieben wurden. Bei Historikern stießen diese Publikationen wegen der Idealisierung ihres Vaters Wilhelm II. und Viktoria Luises negativer Haltung zu kritischen modernen Geschichtswerken über die Kaiserzeit auf ein geteiltes Echo. Nichtsdestotrotz wurden ihre auch in andere Sprachen übersetzten Werke ein großer Publikumserfolg. Ihre Signierstunden waren meist gut besucht. 1977 wurde außerdem eine Schallplatte veröffentlicht, auf der Viktoria Luise aus ihrem Leben erzählte.

Bis ins hohe Alter hinein legte Viktoria Luise Wert auf sportliche Betätigung, auch Bälle besuchte sie noch lange gerne. Darüber hinaus engagierte sie sich in zahlreichen Verbänden und Traditionsvereinigungen, was aber trotzdem nicht verhinderte, dass sie in ihren letzten Lebensjahren vereinsamte. Im Herbst 1980 zog sie in das Friederikenstift in Hannover, wo sie am 11. Dezember an den Folgen einer schweren Lungenentzündung verstarb.

Friederike von Hannover

* 1917 in Blankenburg (Harz)
† 1981 in Madrid
Königin der Hellenen

Die griechische Königin Friederike ist das bislang letzte Mitglied des Hauses Hannover, das auf einen Thron gelangte. Die einzige Tochter des seit 1913 regierenden Herzogs Ernst August von Braunschweig und der Prinzessin Viktoria Luise von Preußen kam am 18. April 1917 auf Schloss Blankenburg am Harz zur Welt. Bei der Taufe erhielt sie die Namen Friederike Luise Thyra Victoria Margarita Sophia Olga Cecilia Isabella Christa.

Nachdem Herzog Ernst August in der Novemberrevolution 1918 auf seinen Thron verzichtet hatte, zog er sich mit seiner Familie in das oberösterreichische Gmunden am Traunsee zurück. Erst nach der Regelung der Entschädigungsfrage für das ehemalige Fürstenhaus kehrte die herzogliche Familie 1933 nach Blankenburg zurück. Friederike war anfänglich von Privatlehrern erzogen worden. Um seine Tochter dem nationalsozialistischen Einfluss in der Hitlerjugend zu entziehen, schickte sie der Herzog 1934 zunächst in ein englisches Internat in Kent, später dann in eine amerikanische Schule nach Florenz. Kurze Zeit danach besuchte sie noch eine Landwirtschaftsschule in Deutschland.

Bei ihrem Aufenthalt in Florenz hatte die Prinzessin ihren späteren Ehemann kennengelernt. Der sechzehn Jahre ältere Kronprinz Paul von Griechenland war als Cousin ihrer Mutter für sie kein gänzlich Unbekannter. Friederikes Eltern waren wegen des jugendlichen Alters ihrer Tochter und der schwierigen politischen Lage in Griechenland anfangs jedoch gegen eine Heirat mit Paul. Seit die Monarchie in dem südosteuropäischen Staat 1924 abgeschafft worden war, lebte die griechische Königsfamilie im Exil. Unruhen und andauernde Regierungswechsel bestimmten das politische Leben in Griechenland. 1935 kam es zu einer Erneuerung der seit jeher instabilen griechischen Monarchie. Nach der Verlobung im Frühjahr 1937 fand Friederikes Hochzeit mit dem Kronprinzen am 9. Januar 1938 in Athen statt. Gleich nach ihrer Heirat fiel der jungen Prinzessin die Rolle der »First Lady« in Griechenland zu, da ihr kinderloser Schwager, König Georg II., geschieden war: »Es gab keine Königin, deren Beispiel ich hätte folgen können. Obwohl ich erst zwanzig Jahre alt war, mußte ich als Gastgeberin auftreten, und zwar nicht nur für meinen Mann, sondern auch für den König, meinen Schwager. (…) Einige Zwischenfälle, die ich unwissentlich verursachte, waren eine ständige Quelle der Erheiterung für Paul und Georgie.« Aus der offenbar glücklichen Ehe Friederikes stammten drei Kinder: die heutige spanische Königin Sofia, der letzte griechische König Konstantin II. und die unverheiratet gebliebene Prinzessin Irene.

Während des Zweiten Weltkrieges bezog Friederike, die zur griechischen Patriotin geworden war, eine ablehnende Haltung gegenüber dem »Dritten Reich«. Von einem möglichen Beitritt Griechenlands zu den Achsenmächten Deutschland und Italien befürchtete sie Nachteile für die griechischen Interessen. In einem Brief vom März 1941 schrieb sie: »Der Achse beitreten heißt, seine Unabhängigkeit freiwillig, ohne darum zu kämpfen, aufgeben; oder aus lauter Angst, umgebracht zu werden, lieber schnell Selbstmord machen.« Wenig später floh die Königsfamilie vor den deutschen Besatzungstruppen über Kreta nach Ägypten und schließlich nach Südafrika.

Griechenland litt nicht nur schwer unter den Folgen des Zweiten Weltkrieges, sondern ebenso sehr unter den Auswirkungen des sich daran nahezu nahtlos anschließenden Bürgerkrieges mit rotem und weißem Terror, der bis 1949 dauerte. Als das Königshaus 1946 mit britischer Unterstützung nach Griechenland zurückkehrte, brachte sich die energische Friederike in den Wiederaufbau des Landes ein, für das sie bereits während ihres Exils dringend benötigte Hilfsgüter und mobile Kliniken organisiert hatte. Sie engagierte sich vor allem auf sozialem Gebiet, was ihr ursprünglich große Anerkennung eintrug. Sie gründete Kinderheime, Krankenhäuser und Schulen, Heimarbeitszentren und genossenschaftliche Molkereien. Wenige Monate nachdem ihr Ehemann als König Paul I. seinem am 1. April 1947 verstorbenen Bruder Georg II. auf dem Thron nachgefolgt war, wurde der »Königliche Wohlfahrtsfonds« geschaffen. Außer über Spenden finanzierte sich Friederikes Sozialwerk auch über einen Zuschlag, der auf Zigaretten, Kino-, Theater- und Fußballkarten sowie auf importierte Autos erhoben wurde. Über die Verteilung dieser Gelder konnte die Königin allein bestimmen. Eine parlamentarische Kontrolle fehlte, was zunehmend Unmut erweckte.

Die Tatsache, dass sich die vielseitig interessierte und gebildete Königin nicht auf rein repräsentative Aufgaben reduzieren lassen wollte, wie dies in einer konstitutionellen Monarchie üblich ist, sorgte in dem stark republikanisch orientierten Land immer mehr für Probleme. Die exzentrische Friederike sah in ihrem Amt eine Verpflichtung zum politischen Gestalten. Hatten anfänglich ihre persönlichen Kontakte und ihre Korrespondenz mit mächtigen ausländischen Politikern, Militärs und Persönlichkeiten Griechenland Vorteile verschafft, wurden ihre späteren, oft nicht verfassungskonformen Einwirkungsversuche auf die Politik sehr kritisch beurteilt. So wurde der zierlichen Königin etwa der politisch folgenreiche Bruch zwischen dem Ministerpräsidenten Konstantin Karamanlis und König Paul I. in der Frage um den Einfluss auf das Militär angelastet. Der Konflikt mit dem Königshaus führte 1963 zum Rücktritt von Karamanlis, der letztlich Auslöser für die krisenhafte

Entwicklung Griechenlands in den kommenden Jahren wurde. Kontroversen verursachte auch Friederikes Rolle bei der Errichtung von Umerziehungslagern für Kommunisten.

Nach dem Tod von König Paul I. am 6. März 1964 bestieg Friederikes einziger Sohn als Konstantin II. den griechischen Thron. Der junge Monarch verfügte nicht über viel politische Erfahrung. Um den Einfluss der inzwischen wenig beliebten Königinmutter zu begrenzen, wurde ihr empfohlen, ins Ausland zu gehen, was Friederike aber ablehnte. Nach zahlreichen Regierungskrisen putschte im April 1967 das Militär. Der amateurhafte Gegenputsch des Königs wenige Monate später scheiterte und zwang ihn ins Exil nach Rom, wohin ihm Friederike folgte. Formal blieb Konstantin II. noch griechisches Staatsoberhaupt, bis die als anachronistisch empfundene Monarchie im Dezember 1974 per Volksabstimmung endgültig abgeschafft wurde.

Nach dem Ende der griechischen Monarchie hielt sich Friederike einige Jahre mit ihrer jüngeren Tochter Irene in Madras in Indien auf und widmete sich vor allem der Meditation und philosophischen Fragen. 1980 zog sie sich nach Spanien zurück, wo ihre ältere Tochter Sofia inzwischen als Königin lebte. Am 6. Februar 1981 starb die frühere griechische Königin Friederike unerwartet nach einem kleinen operativen Eingriff in Madrid. Beerdigt wurde sie an der Seite ihres Gatten auf dem Königlichen Friedhof im Park von Schloss Tatoi, der einstigen Residenz des ehemaligen Königshauses nördlich von Athen. Auf Anordnung der griechischen Regierung hatte ihre Beerdigung unter Ausschluss der Öffentlichkeit stattzufinden, um möglichen royalistischen Kundgebungen vorzubeugen.

Die Welfen und ihre Schätze

Über Jahrhunderte hinweg trugen die Welfen bedeutende Kunstsammlungen zusammen. Als das Haus Braunschweig 1884 mit Herzog Wilhelm erlosch, konnte die nach Österreich exilierte hannoversche Welfenlinie davon zunächst nicht profitieren. Erst 1913 kam es zu einer Aussöhnung zwischen den Hohenzollern und Welfen, die sich sinnfällig in der Heirat des Enkels des letzten Königs Georg V. von Hannover, Herzog Ernst August, und der Tochter Kaiser Wilhelms II., Prinzessin Viktoria Luise, spiegelte. Dies ermöglichte auch eine Vereinigung der den jeweiligen Linien Braunschweig und Hannover gehörenden Kunstschätze. Mitte der 1920er-Jahre, nach dem Ende der Monarchie in Deutschland, setzte ein sukzessiver Verkauf des welfischen Kunstbesitzes ein, mit dem die Gefahr einherging, dass das historische und kunsthistorische Erbe ihrer einstigen Stammlande unwiderruflich verloren ging. Der 1918 in Braunschweig abgedankte Herzog Ernst August, der unter erheblichen finanziellen Problemen litt, begann mit der Veräußerung, obwohl es 1925 zu einem Vergleich mit dem Land Braunschweig um seine Abfindung und 1933 zu einer endgültigen Einigung mit dem preußischen Staat im Streit um den Welfenfonds kam, in dem große Teile des welfischen Hausvermögens seit 1866 eingefroren waren. Zunehmend wurden die niedersächsischen Museen zu Bewahrern des welfischen Erbes. Aus dem vielfältigen Schicksal des ehedem reichen Kunstbesitzes der Welfen sollen im Folgenden einige besonders bemerkenswerte Verkäufe herausgegriffen werden.

Zu den herausragenden Besitztümern des Hauses Hannover gehörte der sogenannte Welfenschatz, der aber erst Ende des 19. Jahrhunderts so bezeichnet wurde. Es handelt

sich dabei um den einstigen Reliquienschatz des Braunschweiger Domes, der früheren Stiftskirche St. Blasius. In
erster Linie besteht er aus Goldschmiedearbeiten aus der
Zeit vom 11. bis zum 15. Jahrhundert. Ursprünglich diente
er dem fortwährenden Gedächtnis an die Brunonen und
Welfen, seine Stifter. Das älteste erhaltene Inventar von 1482
verzeichnet 140 Objekte. Der Schatz vergrößerte sich einerseits durch Vermächtnisse und Schenkungen, andererseits
gingen Stücke verloren. Im Juli 1671 erhielt Herzog Johann
Friedrich aus der Calenberger Linie von dem braunschweigischen Herzog Rudolf August den Schatz mit Ausnahme
weniger Objekte als Gegenleistung für seine Waffenhilfe bei
der Unterwerfung der unbotmäßigen Stadt Braunschweig.
Johann Friedrich brachte den Schatz, der damals 143 sakrale
Kunstwerke umfasste, in der Schlosskirche von Hannover
unter. Während der Napoleonischen Kriege wurde der
Schatz vorübergehend nach England in Sicherheit gebracht.
Aus der Schlosskirche gelangte er in das von König Georg V.
1861 gegründete Welfenmuseum in Hannover.

Nach der Annexion Hannovers durch Preußen 1866 wurde
der Welfenschatz Georg V. als privates Eigentum zuerkannt.
Von 1869 bis 1906 wurde er als Leihgabe im Österreichischen Museum für Kunst und Industrie in Wien ausgestellt.
Ende der 1920er-Jahre sah sich Herzog Ernst August aus
finanziellen Gründen genötigt, die verbliebenen 82 Stücke
des Schatzes zu verkaufen. Zunächst fand sich wegen der
Weltwirtschaftskrise kein Käufer. Nachdem Bemühungen,
den Reliquienschatz ganz oder wenigstens in seinen kost-
barsten und historisch wichtigsten Teilen für Deutschland
zu erhalten, gescheitert waren, erwarb 1929 ein Konsortium
von vier namhaften jüdischen Kunsthändlern den Schatz für
7,5 Millionen Reichsmark. Bis 1932 konnten 40 Gegenstände
an Museen und Privatsammlungen in Europa und in den
Vereinigten Staaten von Amerika verkauft werden. Nach der
nationalsozialistischen Machtergreifung von 1933 gerieten

die Kunsthändler, denen die Weltwirtschaftskrise bereits zugesetzt hatte, durch die rassischen Verfolgungen weiter unter Druck. Ab 1934 verhandelten sie mit verschiedenen preußischen Ministerien über den Ankauf der restlichen Stücke, die sich damals in Amsterdam befanden. Für die Nationalsozialisten stellte die »Rückführung« des Welfen-schatzes ins Deutsche Reich eine Angelegenheit von höchs-ter kulturpolitischer Bedeutung dar. Mithilfe der Dresdner Bank konnte der formal noch bestehende Staat Preußen die Kunstgegenstände im Juni 1935 für 4,25 Millionen Reichs-mark erwerben. 1957 ging er in den Besitz der Stiftung Preußischer Kulturbesitz über. Seit 1963 ist er im Berliner Kunstgewerbemuseum ausgestellt, wo er den Höhepunkt der Mittelaltersammlung bildet. In Braunschweig hingegen können außer dem um 1040 entstandenen Armreliquiar des hl. Blasius, das 1829 in das Herzog Anton Ulrich-Museum kam, noch jene Teile des Schatzes bewundert werden, die das Museum nach 1945 ankaufen konnte.

Seit 2008 fordern die Nachfahren der Kunsthändler die Rückgabe der Kunstwerke. Sie begründen dies damit, dass der Verkauf 1935 allein wegen der rassischen Verfol-gung zustande kam und der Kaufpreis nicht angemessen war. Außerdem hätten ihre Vorfahren nicht frei über das erzielte Geld verfügen können. Sie berufen sich dabei auf die Washingtoner Erklärung von 1998 und die Berliner Erklärung von 1999. Die Stiftung Preußischer Kulturbesitz lehnt dieses Begehren bis heute ab. Sie stimmte aber der Anrufung der Limbach-Kommission zu, die seit 2003 bei strittigen Restitutionsfällen von NS-Raubkunst als Vermittler fungiert und Empfehlungen ausspricht. Die Gutachter der Stiftung verwiesen darauf, dass der damalige Kaufpreis dem Kunstmarktniveau von 1935 entsprach. Der preußische Staat sei der einzige ernsthafte Interessent gewesen. Es würden überdies Hinweise fehlen, dass die Verkäufer nicht frei über den Erlös verfügen konnten. Zum Zeitpunkt des Verkaufs befand sich der Schatz im Ausland und war damit vor dem Zugriff des preußischen bzw. deutschen Staates sicher. Die Kunstwerke seien erst nach der Zahlung des Kaufpreises nach Berlin gekommen. Die Gutachter der Erben pochten dagegen darauf, dass der deutsche Staat die Notlage der Händler durch seine antisemitischen Gesetze hervorgebracht und die Situation ausgenutzt habe. Es habe sich nicht um einen freiwilligen Verkauf gehandelt. Seitdem sich die israelische Kulturministerin Limor Livnat im Herbst 2013 mit einem Schreiben an den deutschen Kulturstaatssekretär Bernd Neumann wandte, in dem sie sich für die Erben einsetzte, ist der Restitutionsanspruch auf eine politische Ebene gehoben worden. Für weitere Komplikationen sorgt, dass zurzeit gar nicht klar ist, wer bei einer etwaigen Restitution Ansprüche erheben kann; denn offenbar gab es zusätzliche Geldgeber, die hinter dem Händlerkonsortium standen. Es müssten zuvor alle potenziellen Anspruchsberechtigten und deren jeweiliges Schicksal ermittelt werden. Im März 2014 sprach die Limbach-Kommission die Empfehlung aus, von einer Rückgabe des Schatzes an die Erben der Kunsthändler und etwaige frühere Miteigentümer abzusehen. Es habe sich um keinen Zwangsverkauf gehandelt. Der Streit um den Welfenschatz dürfte damit jedoch noch nicht sein Ende gefunden haben, da die Erben und ihre Anwälte das Votum als nicht nachvollziehbar ansehen.

1980 löste die Versteigerung des Hildesheimer Tafelsilbers durch das Auktionshaus Sotheby's größere Diskussionen aus. Das überwiegend von Augsburger Gold- und Silberschmieden im 18. Jahrhundert für den Hildesheimer Fürstbischof Friedrich Wilhelm von Westphalen angefertigte silberne Tafelservice verdankt seinen Stellenwert der Tatsache, dass es das am vollständigsten erhaltene unter den noch vorhandenen Augsburger Silberservicen des 18. Jahrhunderts ist. Durch die Auktion wurde das Service, das als Kunstwerk von nationaler Bedeutung gilt, auseinandergerissen.

Das einstige Hochstift Hildesheim wurde 1813 dem späteren Königreich Hannover zugeschlagen, doch erst nach dem Tod des letzten Fürstbischofs Franz Egon von Fürstenberg im Jahr 1825 konnte das hannoversche Königshaus über das Service verfügen. Als König Georg V. ins Exil nach Österreich gehen musste, konnte er das Tafelgeschirr 1867 zu sich nach Wien holen. Gemäß einer 1980 vom Welfenhaus abgegebenen Erklärung verkaufte Georgs Enkel, Herzog Ernst August, in den 1920er-Jahren das Service in Österreich. Im November 1980 wurde das ohne nennenswerte Verluste als Einheit bewahrte Hildesheimer Tafelservice in Genf für rund 5 Millionen Schweizer Franken versteigert. Der oder die Einlieferer blieben ungenannt. Den Kernbestand erwarben zwei deutsche Kunsthändler, deren jeweilige Stücke das Bayerische Nationalmuseum in München und das Roemer-Museum in Hildesheim später ankauften.

Wesentlich mehr Wellen in der Öffentlichkeit schlug dagegen 1983 die Veräußerung des Evangeliars Heinrichs des Löwen. Der ursprünglich von Herzog Heinrich dem Löwen und seiner Gemahlin Mathilde für die Braunschweiger Stiftskirche St. Blasius bestimmte, um 1188 in der Abtei von Helmarshausen geschaffene Codex weist in seiner Besitzgeschichte einige Unklarheiten auf. Seit 1594 befand er sich nachweislich im Eigentum des Prager Domkapitels, von dem ihn 1861 der hannoversche König Georg V. für das Welfenmuseum kaufte. 1866 ging die Handschrift als Georgs Privateigentum mit in dessen österreichisches Exil. Ihr Aufbewahrungsort blieb seit 1933 im Dunkeln. Über die genauen Besitzverhältnisse wurde ein Mantel des Schweigens gebreitet. 50 Jahre später tauchte das Buch scheinbar wie aus dem Nichts zur Versteigerung durch das Auktionshaus Sotheby's in London auf. Um eine Abwanderung dieses nationalen Kulturguts ins Ausland zu verhindern, ersteigerte es die Bundesrepublik Deutschland zusammen mit dem Freistaat Bayern, dem Land Niedersachsen und der Stiftung Preußischer Kulturbesitz am 6. Dezember 1983 für 32,5 Millionen Mark. Unterstützt wurde dieser Erwerb durch Bürgerspenden. Das Evangeliar kam in die Herzog August Bibliothek in Wolfenbüttel. Dank seiner stolzen Kaufsumme galt der prächtig illuminierte Codex zeitweise als teuerstes Buch der Welt. Der hohe Betrag löste kritische Fragen im Hinblick auf die undurchsichtigen Eigentumsverhältnisse aus. Wenn das Welfenhaus 1961 bzw. 1972, als das Evangelienbuch in die Liste der nationalen Kulturgüter aufgenommen wurde, noch in seinem Besitz gewesen wäre, hätte es dieses nicht ausführen und vor internationalem Bieterpublikum versteigern lassen dürfen. Das Haus Hannover wies unverzüglich darauf hin, dass das Evangeliar nach dem Ende des Zweiten Weltkrieges ins Ausland verbracht worden sei. Durch die Verpfändung an ausländische Verwandte habe der Codex zur Unterstützung der Familie beigetragen. Dieser Personenkreis habe ihn zur Auktion gebracht.

Der große Verkauf von welfischem Kunstbesitz im Oktober 2005 sorgte ebenfalls für Diskussionen. Bei der Versteigerung durch das Auktionshaus Sotheby's kamen rund 20 000 Gegenstände aus dem 16. bis 19. Jahrhundert zum Aufruf. Es handelte sich dabei nicht nur um erlesene Kunstobjekte, sondern auch um Stücke, die ihren Wert allein ihrem hochadeligen Nimbus verdankten. Das Ergebnis von rund 44 Millionen Euro übertraf den Schätzwert bei Weitem. Durch die Presse teilten die Welfen mit, dass die erzielten Gelder zum Erhalt ihrer deutschen Besitztümer dienen. Es sei geplant, Schloss Marienburg in ein »*Neuschwanstein des Nordens*« zu verwandeln. Dass ein Großteil der verbliebenen beweglichen Kunstgüter veräußert wurde, löste Kritik aus. Man beanstandete, dass ein historisch gewachsener Ausstattungskomplex zerschlagen wurde. Es erregte Anstoß, dass Objekte unter den Hammer kamen, die als wichtige Zeugnisse der niedersächsischen Landesgeschichte nicht hätten veräußert werden dürfen. Wertvolle Kunstwerke wurden,

wie erst nachträglich bekannt wurde, bereits vorab ausge-
schieden und an auswärtige Interessenten verkauft. Niedersächsischen Museen wurde im Vorfeld der Auktion zwar ein
Vorkaufsrecht eingeräumt, das es ihnen ermöglichte, Werke
von öffentlichem Interesse zu erwerben, doch sie beklagten
später, dass sie mitnichten die Mehrzahl des Auktionsguts
zu Gesicht bekamen. Sie waren daher gezwungen, noch
bei der Auktion mitzubieten, um sich weitere Objekte zu
sichern. Auch innerhalb der fürstlichen Familie wurde Kritik
laut. Durch mangelndes Traditionsverständnis werde die
Familiengeschichte verschleudert, das Welfenhaus verliere
an Präsenz in seinem Stammland.

Auswahlbibliographie

Aschoff, Hans-Georg, Die Welfen. Von der Reformation bis 1918, Stuttgart 2010

Barmeyer, Heide (Hrsg.), Hannover und die englische Thronfolge, Bielefeld 2005

Beck, Barbara, Die großen Herrscherinnen und Regentinnen. Vom Frühmittelalter bis in die Gegenwart, Wiesbaden 2013

Beck, Barbara, Vom Königsbett zum Schafott. Frauen als Opfer von Intrigen, Wiesbaden 2010

Beesley, Earl A. u. a., Die königlichen Schlösser in Großbritannien, München 1991

Beevers, David (Hrsg.), The Royal Pavilion, Brighton. The Palace of King George IV, Brighton 2009

Bertram, Mijndert, Das Königreich Hannover. Kleine Geschichte eines vergangenen deutschen Staates, 2. Aufl., Hannover 2004

Biegel, Gerd (Hrsg.), Victoria Luise. Kaisertochter, Herzogin und Braunschweiger Bürgerin. Streiflichter aus ihrem Leben, Braunschweig 1992

Biegel, Gerd, Die Braunschweigische Thronfolgefrage 1884–1913, in: Victoria Luise. Kaisertochter, Herzogin und Braunschweiger Bürgerin. Streiflichter aus ihrem Leben. Hrsg. von Gerd Biegel, Braunschweig 1992, S. 111–118

Black, Jeremy, The Hanoverians. The History of a Dynasty, London und New York 2004

Boetticher, Manfred von, Haus Hannover im 19. Jahrhundert, in: Schönheit, Macht, Vergänglichkeit. Fotografien aus der Sammlung Seiner königlichen Hoheit Prinz Ernst August von Hannover, Herzog zu Braunschweig und Lüneburg. Hrsg. von Bodo von Dewitz, Göttingen 2009, S. 29–37

Brosius, Dieter, Welfenfonds und Presse im Dienste der preußischen Politik in Hannover nach 1866, in: Niedersächsisches Jahrbuch für Landesgeschichte 36 (1964), S. 172–207

Buck, Meike u. a. (Hrsg.), 1913 – Herrlich moderne Zeiten? Zwischen Monarchie und Moderne. Braunschweig 1913, Braunschweig 2013

Bungarten, Gisela und Luckhardt, Jochen (Hrsg.), Welfenschätze. Gesammelt, verkauft, durch Museen bewahrt, Braunschweig und Petersberg 2007

Bomann-Museum Celle (Hrsg.), Mächtig verlockend. Frauen der Welfen. Eléonore d'Olbreuse Herzogin von Braunschweig-Lüneburg (1639–1722), Sophie Dorothea Kurprinzessin von Hannover (1666–1726), Celle und Berlin 2010

Bomann-Museum Celle (Hrsg.), Von Kopenhagen nach Celle. Das kurze Leben einer Königin. Caroline Mathilde 1751–1775, Celle 2001

Drews, Arne G. (Hrsg.), Der lange Abschied. Das Ende des Königsreichs Hannover 1866 und die Folgen, Göttingen 2009

Feuerstein-Praßer, Karin, Die preußischen Königinnen, 2. Aufl., Regensburg 2000

Feuerstein-Praßer, Karin, Gefährliche Verwandtschaft. Streit und Intrigen am Hof, Stuttgart 2012

Former, Peter, Die Entschädigung des Welfenhauses durch den Braunschweiger Staat und Preußen, in: Victoria Luise. Kaisertochter, Herzogin und Braunschweiger Bürgerin. Streiflichter aus ihrem Leben. Hrsg. von Gerd Biegel, Braunschweig 1992, S. 143–154

Gajić, Helmut (Red.), Die großen Dynastien, München 1978

Gutberlet, Bernd Ingmar, Irrtümer und Legenden der deutschen Geschichte, Hamburg und Wien 2002

Heuvel, Christine van den und Boetticher, Manfred von (Hrsg.), Geschichte Niedersachsens. Bd. 3, 1: Politik, Wirtschaft und Gesellschaft von der Reformation bis zum Beginn des 19. Jahrhunderts, Hannover 1998

Historisches Museum Hannover (Hrsg.), Ehrgeiz, Luxus & Fortune. Hannovers Weg zu Englands Krone, Hannover 2001

Historisches Museum Hannover (Hrsg.), Sieben gegen den König. Texte und Materialien zum Hannoverschen Verfassungskonflikt, Hannover 2007

Hucker, Bernd Ulrich u. a. (Hrsg.), Niedersächsische Geschichte, Göttingen 1997

Jarck, Horst-Rüdiger und Schildt, Gerhard (Hrsg.), Die Braunschweigische Landesgeschichte. Jahrtausendrückblick einer Region, 2. Aufl., Braunschweig 2001

König, Marieanne von (Hrsg.), Herrenhausen. Die Königlichen Gärten in Hannover, Göttingen 2006

Königs, Philipp, Die Dynastie aus Deutschland. Die hannoverschen Könige von England und ihre Heimat, Hannover 1998

Kötzsche, Dietrich, Der Welfenschatz im Berliner Kunstgewerbemuseum, Berlin 1973

Kwan, Elisabeth E. u. a., Frauen der Welfen, Göttingen 2011

Leitner, Thea, Skandal bei Hof. Frauenschicksale an europäischen Königshöfen, 19. Aufl., München 2010

Losch, Philipp, Soldatenhandel. Mit einem Verzeichnis der Hessen-Kasselischen Subsidienverträge und einer Bibliographie, Kassel 1974 (Nachdruck von 1933)

Maatz, Helmut, Bismarck und Hannover. 1866–1898, Hildesheim 1970

Mahrenholz, Ernst Gottfried, Ein Königreich wird Provinz. Über Hannovers Schicksalsjahr 1866, 2. Aufl., Göttingen 2012

Maurer, Michael, Kleine Geschichte Englands, Stuttgart 2007

Mittler, Elmar (Hrsg.), »Eine Welt allein ist nicht genug«. Großbritannien, Hannover und Göttingen 1714–1837, Göttingen 2005

Oberschelp, Reinhard, Politische Geschichte Niedersachsens 1714–1803, Hildesheim 1983

Oberschelp, Reinhard, Politische Geschichte Niedersachsens 1803–1866, Hildesheim 1988

Otto, Hans-Dieter, Unser König ist wahnsinnig! Verrückte Herrscher von Caligula bis Ludwig II., Ostfildern 2013

Panzer, Marita A., Englands Königinnen. Von den Tudors zu den Windsors, 5. Aufl., München 2009

Philippi, Hans, Zur Geschichte des Welfenfonds, in: Niedersächsisches Jahrbuch für Landesgeschichte 31 (1959), S. 190–254

Plath, Helmuth u. a., Das Leineschloß, Hannover 1956

Richter-Uhlig, Uta, Hof und Politik unter den Bedingungen der Personalunion zwischen Hannover und England, Hannover 1992

Riotte, Torsten, Hannover in der britischen Politik (1792–1815). Dynastische Verbindung als Element außenpolitischer Entscheidungsprozesse, Münster 2005

Robinson, John Martin, Buckingham Palace. The Official Illustrated History, London 2007

Röhrbein, Waldemar und Rohr, Alheidis von, Heil unserm König! Herzöge, Kurfürsten, Könige in Hannover, Hannover 1995

Röhrig, Anna Eunike, Mätressen und Favoriten. Ein biographisches Handbuch, Göttingen 2010

Römer, Christof, Die Wiederbegründung einer regierenden Dynastie in Braunschweig, in: Victoria Luise. Kaisertochter, Herzogin und Braunschweiger Bürgerin. Streiflichter aus ihrem Leben. Hrsg. von Gerd Biegel, Braunschweig 1992, S. 119–128

Rohloff, Heide N. (Hrsg.), Großbritannien und Hannover. Die Zeit der Personalunion 1714–1837, Frankfurt am Main 1989

Rohr, Alheidis von, Sophie Kurfürstin von Hannover (1630–1714). Begleitheft zur Ausstellung im Historischen Museum Hannover, Hannover 1980

Roolfs, Cornelia, Der hannoversche Hof von 1814 bis 1866. Hofstaat und Hofgesellschaft, Hannover 2005

Schöber, Ulrike, Burgen und Schlösser in Europa, Eggolsheim [2008]

See, Klaus von, Die Göttinger Sieben. Kritik einer Legende, 3. Aufl., Heidelberg 2000

Sikora, Michael, Disziplin und Desertion. Strukturprobleme militärischer Organisation im 18. Jahrhundert, Berlin 1996

Städtisches Museum Osnabrück (Hrsg.), Die Welfen im Hochstift Osnabrück. Ein Beitrag zur Geschichte der Personalunion Hannover – Großbritannien, Osnabrück 1966

Steckhan, Peter, Welfenbericht. 150 Jahre Familiengeschichte der Herzöge zu Braunschweig und Lüneburg dokumentiert in Photographie und Film, Göttingen 2008

Steinert, Mark Alexander, Die alternative Sukzession im Hochstift Osnabrück. Bischofswechsel und das Herrschaftsrecht des Hauses Braunschweig-Lüneburg in Osnabrück 1648–1802, Osnabrück 2003

Stiftung Preußische Schlösser und Gärten Berlin-Brandenburg (Hrsg.), Sophie Charlotte und ihr Schloß. Ein Musenhof des Barock in Brandenburg-Preußen, München u. a. 1999

Stiftung Residenzmuseum Braunschweig (Hrsg.), Europas letztes Rendezvous. Die Hochzeit von Victoria Luise und Ernst August, Braunschweig 2013

Thadden, Rudolf von, Die Göttinger Sieben, ihre Universität und der Verfassungskonflikt von 1837, Hannover 1987

Trunz, Helmut, Welfenschlösser in Nord- und Westdeutschland, Holzminden 2006

Weiß, Ulrike, Dame, Herzog, Kurfürst, König. Das Haus der hannoverschen Welfen 1636–1866, Hannover 2008

Wende, Peter (Hrsg.), Englische Könige und Königinnen der Neuzeit. Von Heinrich VII. bis Elisabeth II., München 2008

Winter, Patrick M. de, Der Welfenschatz. Zeugnis sakraler Kunst des deutschen Mittelalters, Hannover 1986